Wolfgang F. Fischer

Wale und Delphine

Illustrationen von
Christel Hudemann-Schwartz

Franz Schneider Verlag

Die Deutsche Bibliothek – CIP-Einheitsaufnahme

Wale und Delphine / Wolfgang F. Fischer. Ill. von
Christel Hudemann-Schwartz. – München : F. Schneider, 1993
ISBN 3-505-04824-0
NE: Fischer, Wolfgang F.; Hudemann-Schwartz, Christel

Frankfurter Ring 150, 8000 München 40

Illustrationen: Christel Hudemann-Schwartz
Umschlaggestaltung: pre press, München
Lektorat: Susanne Härtel
Produktion: pre press, München
Druck: Tiskarna Ljudske pravice, Ljubljana
ISBN: 3-505-04824-0

Bildnachweis:

WWF-Bildarchiv: Umschlag o.r./S. 69: V. Ratmeier; Umschlag u.l.: D. L. Bürkel; S. 9/63 u.r.: P. Ryan; S. 35: M. Rathmann; S. 50 o.: H. Ausloos; S. 52: A. Maywald; S. 57: C. Gulnet/Blos; *WWF-Photolibrary:* S. 10: M. J. Ferrari; S. 23: D. G. Ferrari; S. 26 u.r./30 u./85: K. Balcomb; S. 28: W. Rossiter; S. 37 u.: Dr. S. Earle; *Terraqua:* S. 18 / 34: Neuwardt; S. 25: Tins; S. 27: Sigl; *Greenpeace:* S. 19 r. / 20: R. Dawson; S. 33: Vienne; *Barthelmeß:* S. 32 o.; *A. Foulon:* S. 41; *v. Rosen/Leitz:* S. 56. *Alle weiteren Fotos:* Dr. W. F. Fischer

INHALT

WALE

Blasender Pottwal

Mein erster Wal

„Wale, Wale, dort!" ruft jemand von der Kommandobrücke. Tatsächlich! Vor dem Bug unseres Schiffes macht es laut und deutlich: „Pfffft – pffrft", und eine kleine Dampfwolke steigt über dem Wasser auf. Dann nichts mehr.

War das alles? Sollte das meine lang ersehnte erste Begegnung mit den Walen gewesen sein? Die Forschungsreise war bisher gut verlaufen: Spiegelglatte See, niemand war seekrank geworden, und die vielen interessanten Tiere, die wir Tag für Tag mit dem Netz aus dem Wasser holten, um sie zu untersuchen, sorgten immer wieder für Spannung. Als junger Meeresbiologe sollte ich die Fischereimöglichkeiten im Atlantik erforschen. Dabei waren Wale in unserem Programm eigentlich gar nicht vorgesehen.

Trotzdem lasse ich die Arbeit an Deck liegen und flitze nach vorn zum Bug des Schiffes. Dort steht bereits der Kapitän mit einer großen Signalpistole, mit der man rot leuchtende Notraketen in die Luft schießen kann, wenn das Schiff in Seenot ist.

„Ein Finnwal! Da!" brüllt mir jemand ins Ohr. Ja, da ist einer – direkt vor dem Schiff. Er streckt seinen breiten Rücken aus dem Wasser. Das Blasloch öffnet sich, und wieder ist dieses „Pfffft!" zu vernehmen, laut wie ein Kompressor. Eine kleine Dampfwolke steigt in die Luft, der Wal holt zischend Atem und verschwindet.

Was für ein riesiges Tier! Toll! Nach drei Minuten taucht erneut ein Wal vor dem Schiff auf. Auch er öffnet sein Blasloch, bläst eine Fontäne aus Wasserdampf in die Luft und will gerade einatmen. Da passiert es: „Sssssst!" Zischend verschwindet die Rakete in der Atemöffnung des Riesen. Der Kapitän hat sie abgeschossen, aus lauter Übermut.

„Sind Sie verrückt geworden? Was soll das?" schreie ich. „Das Tier wird jetzt sicher sterben und untergehen. Auf jeden Fall hat es furchtbare Verbrennungen. „Warum haben Sie das getan?"

Ein 33 Tonnen schwerer Buckelwal springt aus dem Wasser

Ich müßte es eigentlich besser wissen: Man beschimpft seinen Kapitän nicht. Immerhin ist er der „Gott" an Bord, wie die Seeleute sagen, und ich bin ein junger Anfänger. Aber das war zuviel. Warum mußte er das wunderschöne Tier in seiner Gedankenlosigkeit so schrecklich quälen und vielleicht sogar töten? Ich hätte heulen können. Doch langsam wird aus der Traurigkeit Wut.
Daß diese Wut ein Leben lang anhalten und meinen Lebensweg bestimmen sollte, ahnte ich damals noch nicht.
Als ich wieder zu Hause bin, lese ich jedes Buch über Wale, das ich in die Hände bekommen kann, und ohne daß ich es selbst merke, werde ich allmählich zum Walexperten.

Der Wal – ein Fisch?

Wale und Delphine sind Säugetiere und keine Fische, auch wenn viele Menschen den Wal noch immer „Walfisch" nennen. Wale bringen lebende Junge auf die Welt; Wale geben ihren Jungen Milch, wie wir Menschen oder wie Katzen und Hunde; Wale haben keine Kiemen wie die Fische, sondern Lungen, und das Blut der Wale ist wie bei uns Menschen 37 Grad warm. Wale sind die größten Säugetiere, die je auf der Erde gelebt haben. Ein Blauwal zum Beispiel bringt 33 Meter auf die Meßlatte und 150 Tonnen auf die Waage. Der kleinste Wal jedoch ist ein Flußdelphin. Er wird nur bis zu 1,4 Meter lang.

UNTERWASSERSÄUGER
Wale und Delphine sind Säugetiere, die sich dem Wasserleben angepaßt haben. Sie besitzen keine Kiemen wie die Fische, sondern ein Blasloch, durch das sie atmen, wenn sie an die Wasseroberfläche kommen.

Die Familie Wal

Die Biologen unterscheiden ZAHNWALE und BARTENWALE. Zahnwale haben bis zu 50 Zähne und mehr, Bartenwale dagegen tragen hornige, faserige Platten im Maul, die Barten oder Barteln, durch die das Wasser mit der darin schwimmenden Nahrung gesiebt wird.
Bartenwale ernähren sich von Fischen, Krustentieren und Krebsen (Krill). Zahnwale sind meist Räuber und fressen Fische, Tintenfische, auch andere Wale, Seehunde und Pinguine.
Darüber, wie viele Mitglieder die Familie Wal hat, streiten sich die Wissenschaftler immer noch. Es müssen so zwischen 77 und 110 sein, die neuesten Zahlen liegen um 79.
Delphine sind übrigens auch Wale, kleine Wale eben. Und sie sind die zahlreichsten Mitglieder der Walfamilie. Nach dem neuesten Stand der Forschung gibt es 43 verschiedene Arten von Delphinen.

VOM LAND INS MEER
Der Wal ist ein Säugetier, dem es an Land nicht gefallen hat. Vor 2 Milliarden Jahren ging der Vorfahre des jetzigen Wales vom Land ins Wasser – eine Art Hund mit Hufen, der sich allmählich zum Wassertier veränderte. Seine Beine wandelten sich in Flossen um, er wurde schlank und groß mit runden Formen und erlernte das Tauchen. Die Nase wanderte nach oben auf den Kopf und wurde zu dem unter Wasser verschließbaren Blasloch.

Das Skelett eines Pottwals im Zoologischen Museum Hamburg

Die Walfamilien

Bartenwale

1. FAMILIE DER GLATTWALE
Südlicher Glattwal
Nördlicher Glattwal (Nordkaper)
Grönlandwal
Zwergglattwal

2. FAMILIE DER GRAUWALE
Grauwal

3. FAMILIE DER FURCHENWALE

Blauwal	Finnwal
Seiwal	Brydewal
Zwergwal	Buckelwal

Zahnwale

1. FAMILIE DER POTTWALE
Pottwal

2. FAMILIE DER SCHNABELWALE
Schwarzwal
Schnabelwal
Bairdwal
Entenwal usw.

3. FAMILIE DER GRÜNDELWALE
Belugawal
Narwal

4. FAMILIE DER FLUSSDELPHINE
Ganges-Delphine
Amazonas-Delphine
Chinesische Flußdelphine
La-Plata-Delphine

5. FAMILIE DER SCHWEINSWALE
Schweinswal

6. FAMILIE DER GLATTDELPHINE
Atlantischer Fleckendelphin
Großer Tümmler „Flipper“
Weißschnauzendelphin
Grindwal
Schwertwal
und alle anderen bekannten Delphinarten

Der Körper des Riesen

FLUKEN, FLIPPER, FINNEN

Wale sind so etwas wie lebende Torpedos, denn nur durch ihre perfekte Stromlinienform können diese massigen Ungetüme ohne große Anstrengung und nennenswerten Wasserwiderstand durch die Weltmeere reisen. Die riesige Schwanzflosse des Wales wird *Fluke* genannt.

Beim Buckelwal kann sie schon mal 3 Meter lang werden. Mit leichten sanften Schlägen treibt sie den Wal voran. Die *Flipper,* also die Vorderflossen, steuern das Tier wie die Tragflächen eines Flugzeuges. Und auf seinem massigen Rücken hat jeder Wal eine *Finne,* die Rückenflosse. Sie ist meist nur klein und häufig das einzige, was von einem Wal über der Wasseroberfläche sichtbar wird. Sie dient daher auch der Unterscheidung der Wale nach Arten. Beim Schwertwal erreicht die Finne enorme Ausmaße von bis zu 2 Metern.

AUGEN, OHREN, BLASLOCH

Im Vergleich zu ihrem riesigen Körper sind die *Augen* der Wale klein – sie haben die Größe eines menschlichen Auges. Weil sie aber keine Augenlider und Augenwimpern haben, wirken sie auf uns ein wenig ausdruckslos. Sehen können die Wale damit genausogut wie wir Menschen, und zwar über und auch unter Wasser. Der Wal hat keine sichtbaren *Ohren* wie andere Säugetiere. Sie befinden sich im Inneren des Kopfes und haben keine Verbindung nach außen. Trotzdem können Wale sehr gut hören.

Wale haben keine Nasen. Statt dessen atmen sie durch das *Blasloch,* eine Öffnung, die sich oben auf dem Kopf befindet und als erstes an die Luft kommt, wenn der Wal auftaucht. Der „Blas“ oder auch „Blast“ (beide Schreibweisen sind üblich) eines Wals dient Walfängern

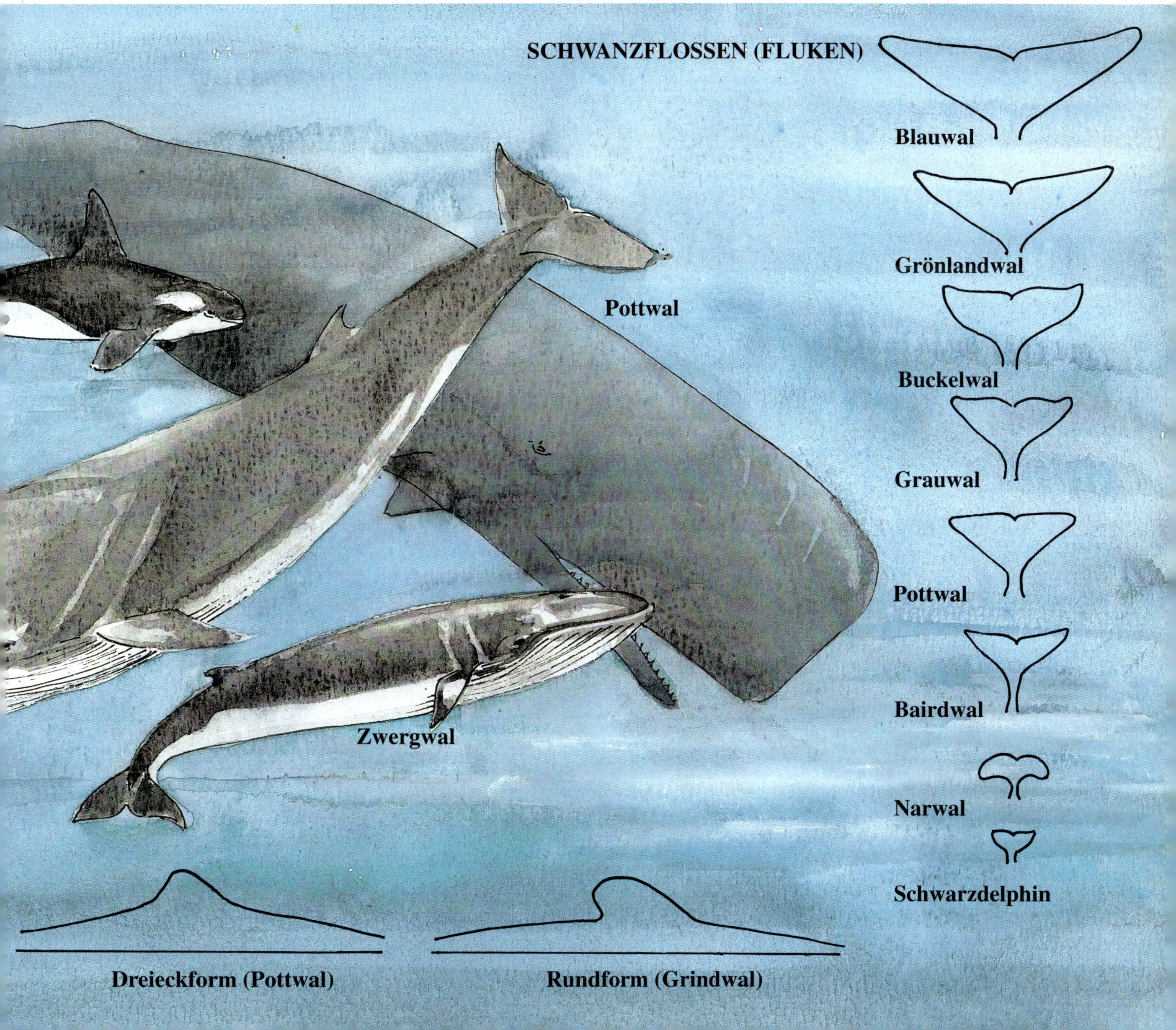

Wenn ein Wal auftaucht, atmet er mit einem kompressorartigen Getöse aus, dabei kondensiert die Atemluft. Der Blast entsteht

als wichtigstes Erkennungsmerkmal, denn jede Walart macht ihre eigene charakteristische Wolke, wenn sie zum Luftholen auftaucht. Besonders bei kaltem Wetter ist der Blas gut zu sehen. Ein Finnwal bläst seine Luft bis zu 8 Meter in die Höhe, der Buckelwal erreicht nur 3 Meter und der wesentlich kleinere Zwergwal nur noch 1 Meter.

Rückenwirbel eines Blauwals am Strand der verlassenen Walfangstation Stromness (Antarktis)

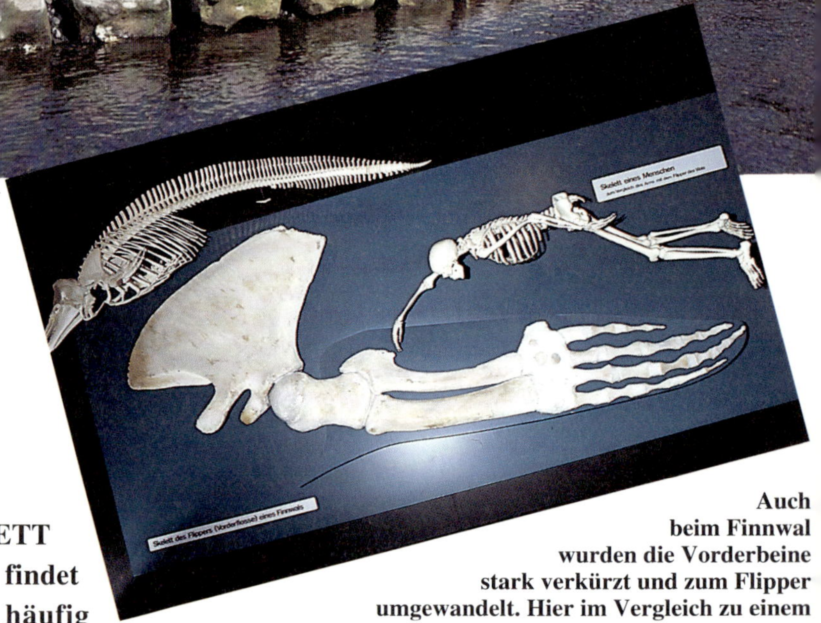

Auch beim Finnwal wurden die Vorderbeine stark verkürzt und zum Flipper umgewandelt. Hier im Vergleich zu einem menschlichen Skelett

DA BLÄST ER – DER WAL!
Wenn ein Wal die Oberfläche erreicht, muß er erst einmal ausatmen. Und weil die ausgeatmete Luft unter Druck steht und meist wärmer ist als die Luft über dem Wasser, entsteht eine Wolke. So wie bei uns im Winter, wenn es kalt ist. Der Wal atmet mit einem lauten kompressorartigen „pffft!“ aus, das bei ruhigem Wetter meilenweit zu hören ist. Die ausgeatmete Luft enthält feine Öltröpfchen und eine Substanz, die sich in den Lungen des Wals befindet. Auch diese Bestandteile sorgen dafür, daß der Blas gut zu sehen ist. Das Ganze riecht wie eine Mixtur aus verdorbenem Fisch und altem Öl.

DAS SKELETT

Walskelette findet man noch häufig an den Stränden der Antarktis. Walfänger haben die Knochen dort liegen lassen.
Die Gerippe sind beeindruckend. Allein der Rückenwirbel eines Blauwales hat den Durchmesser eines bequemen Sessels und wird auch heute noch gern als Barhocker auf antarktischen Forschungsstationen verwendet.
So ein Walgerippe besteht hauptsächlich aus Wirbelknochen und gewaltigen Kiefern. Die „Hände“ mit den „Fingern“ und die „Füße“ sind nur noch als kleines Überbleibsel zu erkennen.

Wie fressen Wale?

Die Barten eines Grauwals – ein idealer Fangapparat für Krillkrebse

Die Mitglieder der Familie Wal haben außerordentlich verschiedene Methoden entwickelt, wenn es darum geht, sich den dicken Bauch vollzuschlagen. Und so ein Riese braucht schon allerhand zum Futtern. Bei einem Blauwal wiegt schon ein einziger Krillhappen 2 Zentner, und 1 Tonne Krill am Tag ist für ihn völlig normal. Wie schafft es ein Wal, so viel Nahrung zu fangen?

Bei den BARTENWALEN sind die Fangmethoden der geschickten *Buckelwale* am bekanntesten. Sie tauchen einfach unter einen Krillschwarm und schwimmen dann im Kreis herum, wobei sie Millionen von Luftblasen aus ihrem Blasloch blubbern lassen. Diese steigen langsam zur Oberfläche auf und bilden so einen glitzernden, runden und bis zu 50 Meter hohen Käfig aus Luft. Im Inneren dieses Käfigs steigen die Wale dann nach oben und machen einfach das Maul auf. Die kleinen Krillkrebse trauen sich trotz der drohenden Gefahr nicht durch den Luftvorhang hindurch, und wenn der Wal an der Wasseroberfläche angekommen ist, hat er sie alle verspeist. Manchmal jagen mehrere Buckelwale zusammen mit solchen Luftnetzen. Dann findet Arbeitsteilung statt: Die einen blasen Netze, die anderen fressen und umgekehrt.

Blauwale haben einen riesigen Kehlsack, den sie enorm ausdehnen können, wie die Pelikane. Damit erweitern sie ihr Maul. Nun schwimmen sie mit geöffnetem Maul durch die Schwärme von Kleinkrebsen und schließen

Der Unterkiefer eines Blauwals im Zoologischen Museum in Hamburg. Er ist gut 7 m lang

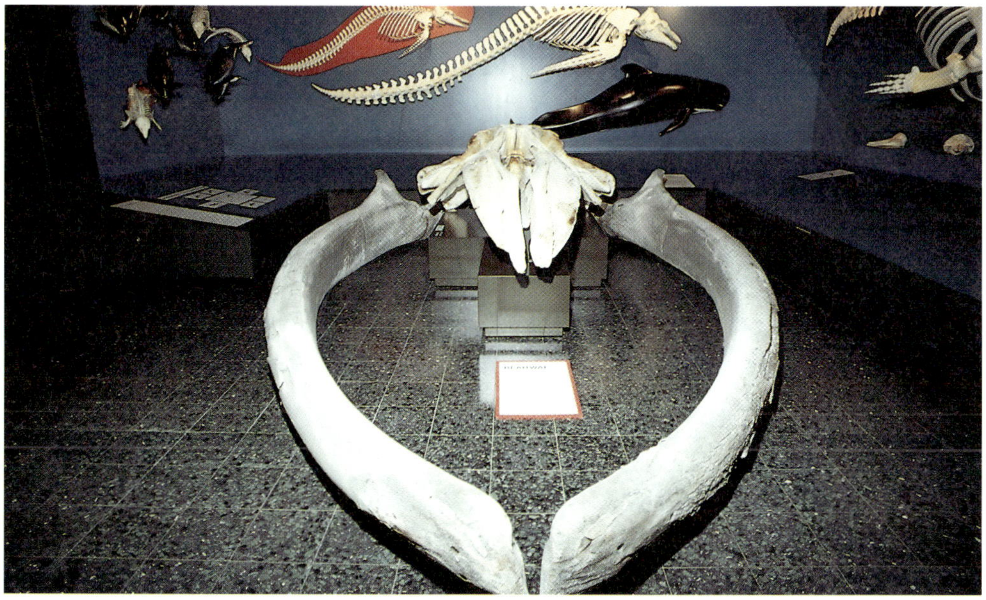

BARTEN (BARTELN)
Bartenwale fressen hauptsächlich Kleinkrebse, auch Krill genannt (s.S. 24). Sie haben keine Zähne,denn die hornigen Platten der Barten sind besser geeignet, die winzigen Tiere aus dem Wasser zu sieben. Beim Grönlandwal ist diese Fangvorrichtung bis zu 4,5 Meter lang. Die Barten sind elegant gebogen, hängen mit ihrer festen Basis im Oberkiefer und dem ausgefaserten Ende in den Mund hinein. Sie bilden dort ein dichtes Netz aus elastischen Borsten. Darin bleibt alles hängen, was der Wal zum Leben braucht, und er muß nur noch ab und zu den Nahrungsbrei mit der Zunge von den ausgefransten Enden der Barten abstreifen. Das überflüssige Wasser läuft aus dem Maul heraus.

es hin und wieder, wobei das Wasser herausgepreßt wird. Die Zunge, die allein so viel wiegt wie ein ganzer Elefant, streift die Millionen von Krebsen von den borstigen Barten ab und befördert sie in den Magen.

Grauwale sind die Staubsauger der Meere. Sie „schnüffeln" mit dem Maul den Meeresboden entlang und wirbeln dabei riesige Mengen Schlamm auf. Der Modder wird durch die Barten gesiebt, und dabei bleiben Fische und Krebse, die im Boden leben, in ihnen hängen.

ZAHNWALE jagen, wie die meisten Raubtiere, ihre Beute so lange, bis sie sie mit den Zähnen zu fassen kriegen. Ihre Nahrung ist sehr vielseitig. *Schwertwale* jagen Fische, Robben, Pinguine und gelegentlich andere Wale. *Delphine* fressen Fische, Muscheln und verschmähen auch Tintenfische nicht. Moby Dick, der *Pottwal,* ist ein Leckermaul. Er hat sich auf zarte Tiefseetintenfische spezialisiert.

Ihr findet in diesem Buch verstreut immer wieder Quizfragen.
Die Antworten sind am Ende des Buches auf Seite 76 nachzulesen.
Dort erfahrt ihr auch, ob ihr nun zu den „Walexperten", den „Whalewatchers" oder den „Walfreaks" gehört.
Löst die Aufgaben und schaut nach!
Aber Vorsicht – es sind ein paar Fallen eingebaut!

Quiz

1. FRAGE
Warum kann man den Blas, den Atem eines Wales, sehen?

WARUM WALE NICHT FRIEREN

Die Fettschicht der Wale kann eine Dicke von 15 Zentimetern und mehr erreichen. Das hält warm! Aber diese Isolierung vor der Kälte birgt auch die Gefahr der Überhitzung, wenn sich ein Wal einmal zu sehr beim Tauchen verausgabt und ins „Schwitzen" gerät. Dann sorgen Kühlkanäle mit Blut aus den Muskeln für Abkühlung. Die Blutgefäße durchziehen das dicke Fett und verteilen sich in der dünnen und empfindlichen Außenhaut. Dort kühlt das Wasser das erhitzte Blut ab und fließt dann wieder zurück in den Körper. Wenn es kalt ist, bleiben diese Kühlkanäle geschlossen.

Tiefseetaucher

Wie können die Walriesen in den unendlichen Meeren überleben? Warum werden sie von dem enormen Wasserdruck von über 100 Atmosphären, dem sie beim Tauchen ausgesetzt sind, nicht erdrückt? Wale sind dafür speziell ausgestattet, denn dem wasserhaltigen Fleisch, dem Fett und den starken Knochen der Tiere kann der Wasserdruck nichts anhaben. Nur die Lunge, die ein Hohlraum ist, könnte zerdrückt werden. Bevor die Wale abtauchen, verschließen sie ihr Blasloch, und die Lunge drückt die Luft, die sich in ihr befindet, so zusammen, daß sie dem großen Wasserdruck widerstehen kann.

Die Speicherung des Sauerstoffs für ausgiebige Tauchausflüge funktioniert bei den Walen besser als bei allen anderen Tieren oder den Menschen. Denn 10 bis 15 Prozent des Körpergewichtes der Wale besteht aus sauerstoffhaltigem Blut (bei uns Menschen nur 7 Prozent). Wale haben im Blut außerdem einen größeren Anteil an sauerstoffbindenden Zellen, und diese enthalten zudem noch mehr Hämoglobin, den sauerstoffbindenden Blutfarbstoff. Wale können übrigens auch mehr Buttersäure in den Muskeln ertragen als wir. Dieser Stoff entsteht, wenn man sich überanstrengt oder zuviel Sauerstoff verbraucht – und das spüren wir dann als Muskelkater.

Menschen müssen beim Tauchen ein Preßlufttauchgerät mit Atemluft in die Tiefe nehmen. Wale dagegen haben hinter den Rippen ein dichtes Netz aus Blutgefäßen, das sogenannte „Wundernetz“, in dem riesige Mengen Blut und Sauerstoff gespeichert sind.

Delphinhaut kann mit einer Art Gleitmittel aus warmem Wasser, absterbenden Hautzellen und besonderen Stoßdämpfern bremsende Wasserwirbel einfach wegfedern. Das macht Delphine bis zu 60 km/h schnell

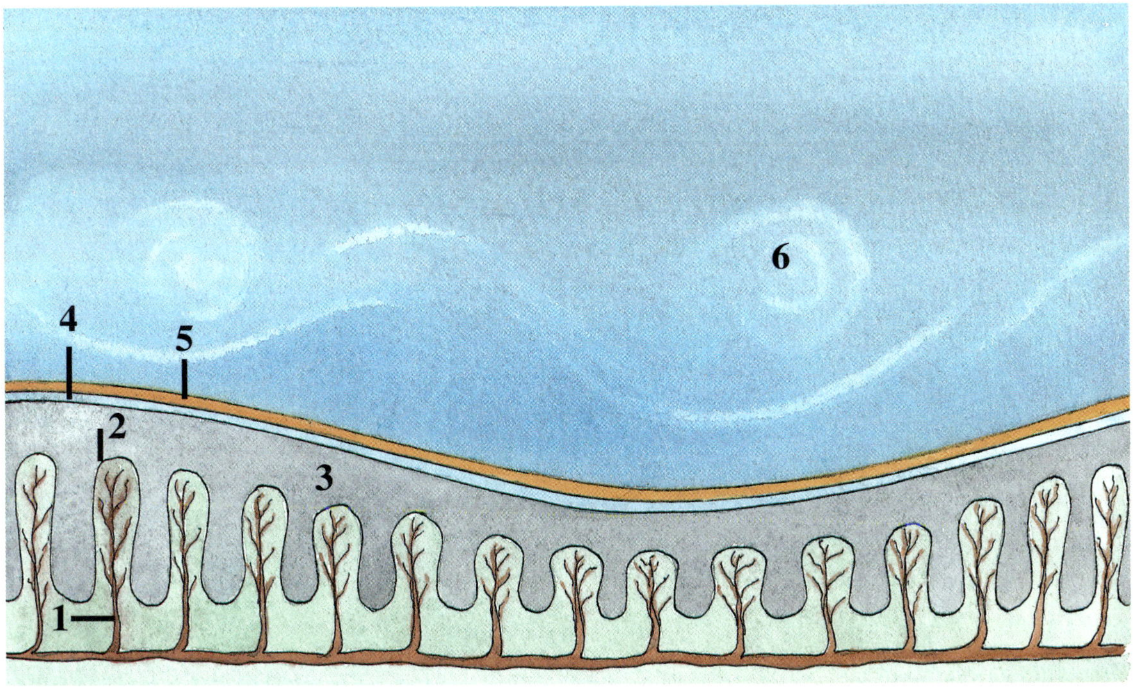

1 Blutgefäße
2 Stoßdämpfer
3 Fettgewebe
4 abgestorbene Hautzellen
5 warme Wasserschicht
6 Wasserwirbel

Quiz

2. FRAGE
Warum geht im Hochsommer in der Arktis die Sonne nicht unter?

Wie ich zum Walfan wurde

16. Juni 1984: Es ist elf Uhr nachts, und noch immer liegt ein goldener Sonnenschimmer über dem spiegelglatten Meer. Arktischer Sommer – die Zeit der endlosen Tage, die Zeit der Nächte ohne Dunkelheit. Die Rainbow Warrior *scheint auf dem goldenen Meer zu schweben. Es ist ganz still. Die Schiffsmotoren laufen nur noch im Leerlauf. Wir „treiben", wie der Seemann sagt.*
Niemand ist in seine Koje gekrabbelt in dieser Nacht. Wir sind alle viel zu aufgeregt, und viele haben auch Angst vor dem, was uns bevorsteht. Ich stehe an der Reeling und schaue über das Meer. Die Beringstraße, die Meerenge, zwischen Alaska und Sibirien, hatte ich mir anders vorgestellt. Stürmisch und rauh. Und nun ist da ein stiller, freundlicher „Ententeich".
Ein Wal hebt plötzlich seine enorme, gut zweieinhalb Meter breite Schwanzflosse aus dem Wasser, als wolle er uns damit zuwinken. Dann ist nichts mehr zu sehen. Das Meer ist wieder still. Haben wir

Mit der riesigen Fluke winkt dieser Glattwal – der letzte Gruß, bevor er abtaucht

getrÃ¤umt? Doch bald durchbricht eine ganze Gruppe von Walen den goldenen Spiegel der See. Ihre breiten RÃ¼cken sind Ã¼berall, ihr lautes â€žPfrfft! Pffffft!â€œ ist unÃ¼berhÃ¶rbar.

â€žDas sind ja Grauwale!â€œ rufe ich begeistert.

â€žNa klar!â€œ brÃ¼llt Pete, unser KapitÃ¤n, von der BrÃ¼cke zurÃ¼ck. Recht hat er! Was sollen es denn sonst schon sein? SchlieÃŸlich sind wir ja hier, um das Leben dieser riesigen Tiere zu retten.

Das Schiff der Umweltschutzorganisation Greenpeace, die Rainbow Warrior, *zu deutsch â€žRegenbogenkriegerâ€œ, ist hierhergedampft, um zu verhindern, daÃŸ sowjetische WalfÃ¤nger weiterhin sinnlos Grauwale abschlachten. Wir wissen, daÃŸ es drÃ¼ben in Sibirien auf der Beringhalbinsel eine kleine Walfangstation gibt, Lorino, wo Grauwale nicht nur fÃ¼r den tÃ¤glichen Fleischbedarf der Eskimos geschossen, sondern als Futter fÃ¼r eine Nerzfarm verarbeitet werden.*

Das verstÃ¶ÃŸt gegen ein internationales Gesetz und ist zweifellos eine Schweinerei. Da niemand etwas unternimmt, mÃ¼ssen wir als UmweltschÃ¼tzer etwas dagegen tun, wenn die â€žsanften Riesen der Meereâ€œ, wie wir die Wale nennen, von modernen Schiffen mit riesigen Kanonen zusammengeschossen und dann durch den Fleischwolf gedreht werden. Und das nur, weil die Nerze, eingesperrt in enge KÃ¤fige, von Walfleisch ein besonders glÃ¤nzendes Fell bekommen, aus dem sich dann kostbarer Pelz fÃ¼r feine Damen machen lÃ¤ÃŸt. Und hier schwimmen sie nun, die riesigen Tiere. Gut siebzig von ihnen haben sich vertrauensvoll um unser Schiff versammelt, als wÃ¼ÃŸten sie, warum wir hier sind. So, als wollten sie uns noch einmal Mut machen fÃ¼r das, was wir in wenigen Stunden vorhaben.

Gegen vier Uhr morgens laufen wir im Schutz einer Nebelwand in die Bucht von Lorino ein. Wir haben unser Ziel erreicht, und niemand hat uns daran gehindert. Wie durch ein Wunder sind wir in die HÃ¶hle des LÃ¶wen gelangt. Oben auf dem Steilufer sind lange Schuppen mit Tausenden von KleintierstÃ¤llen zu erkennen, von denen beiÃŸender Raubtiergeruch zu uns herÃ¼berweht. Das mÃ¼ssen die NerzkÃ¤fige sein, von denen wir gehÃ¶rt haben.

Am Strand zeigen sich endlich ein paar verschlafene Gestalten, die verwundert zu uns herÃ¼berstarren. Wir setzen drei Schlauchboote aus und schicken sieben unserer Leute hinÃ¼ber an den Strand. Ihre Aufgabe ist es, alles zu filmen und zu fotografieren und dann die vorbereiteten FlugblÃ¤tter an die Arbeiter zu verteilen.

Alles lÃ¤uft genau nach Plan. Schon bald kommt unser Kameramann wieder an Bord und liefert den ersten Film ab, den wir sofort verstecken. Dann fÃ¤hrt er wieder

Mit den Schlauchbooten erreichen wir die sowjetische Walfangstation in Sibirien

Ein Grauwal hÃ¤lt nach uns Ausschau

3. FRAGE

Quiz

Wird heutzutage noch immer Walfleisch gegessen?

Jim Henry will unsere Filme in Sicherheit bringen

hinüber zu den Leuten, die sich inzwischen am Strand versammelt haben und die Flugblätter lesen, in dem wir unser Anliegen erklären.
Bald holpern Lastwagen an den Strand. Von den Ladeflächen springen Soldaten mit Maschinenpistolen. Alles geht dann sehr schnell: Unsere Leute werden verhaftet und abtransportiert. Wir auf dem Schiff erhalten einen Befehl über Funk: „Sie haben sich zu ergeben. Wir kommen jetzt an Bord!"
Das, was nun folgt, haben wir unzählige Male besprochen und geübt. Als ein kleines sowjetisches Landungsboot ablegt, vollbesetzt mit schwerbewaffneten Soldaten, dreht unser Kapitän das Schiff zur offenen See. Unsere Freunde mußten wir erst einmal in Sibirien zurücklassen. So war es abgemacht. Die alte Rainbow Warrior *zeigt nun, was in einem alten Fischtrawler noch für Kräfte stecken. Mit schäumender Bugwelle läßt sie das Landungsboot weit hinter sich. Die Gefahr scheint vorbei.*
Unser Plan: Die Filme, die wir gerade aufgenommen hatten, sollen so schnell wie möglich nach Alaska gebracht werden. Dort warten schon die Fernsehanstalten. Sie werden den Film senden und damit die Weltöffentlichkeit aufmerksam machen. Der Sowjetunion wird es nicht gefallen, wenn die Menschen in aller Welt erfahren, daß in Sibirien Wale illegal gemordet werden.
Plötzlich greift uns ein schwerer Hubschrauber an, schießt vor den Bug unseres Schiffes, versucht an Deck zu landen. Wir hieven ein Schlauchboot über Bord, rüsten es mit Wasser und einer Menge Benzinkanistern aus, verstecken die Filme in einem Behälter, und Jim Henry, ein ehemaliger Fischer aus Kanada, springt hinein, um im Alleingang die Filme über die Beringsee zu schaffen. Doch bald darauf sehen wir hinter einer dünnen Nebelwand, wie einer der drei Hubschrauber, die uns seit einiger Zeit drohend umkreisen, Jim aus dem Schlauchboot herausholt. Das Boot rast führerlos mit laufendem Motor im Kreis. Wir manövrieren unser Schiff so in die Nähe des Schlauchbootes, daß Bootsmann Bruce Abrahams schnell hineinspringen und das Boot abstoppen kann. Die Filme sind noch da, doch Bruce hat sich beim Sprung in das schnelle Boot das Bein gebrochen.
Mit drohend auf uns gerichteten Kanonen kommt ein Kriegsschiff näher, aber wir fahren unbeirrt weiter. Volldampf in Richtung Alaska!
Plötzlich dreht das Kriegsschiff ab, und die Hubschrauber verschwinden am Horizont. Wir haben es geschafft!
In den USA und Deutschland folgen Interviews ohne Ende, Fernsehauftritte, Rundfunksendungen. Wir alle hoffen, daß die Gefahr, der wir uns ausgesetzt haben, dazu beiträgt, daß die letzten Wale gerettet werden.
Unsere Kameraden werden nach sieben Tagen aus Sibirien entlassen.

Ein sowjetisches Kriegsschiff soll mit drohenden Kanonen die *Rainbow Warrior* stoppen

Das Skelett eines Finnwals im Meeresmuseum von Stralsund

Wo leben die Wale?

Die Vertreter der Familie Wal treiben sich in allen Weltmeeren herum. Kein Wasser ist zu kalt oder zu warm für sie.

Der *Grönlandwal,* der zwischen Eisbergen lebt, schützt sich vor der Eiseskälte mit einer 50 Zentimeter dicken Speckschicht. Viele *Delphine* dagegen lieben warme tropische Meere. Sie brauchen den Speckmantel nicht.

Was machen aber der *Buckelwal* und der *Grauwal,* die zwischen den warmen Gewässern um Hawaii und der Antarktis oder den Wüstenküsten der Baja California und den Eisbergen des Nordpolarmeeres hin und her pendeln? Diese Tiere haben einen wärmenden Speckmantel gegen die Kälte und gleichzeitig ein kompliziertes Kühlsystem gegen die Wärme entwickelt, und so macht es ihnen nichts aus, wenn es einmal etwas zu warm wird.

Auch in unseren Meeren gibt es Wale. Immer wieder werden an der Nord- und Ostseeküste Wale und Delphine beobachtet und auch tote Wale gefunden. Zum Beispiel wurden im Jahr 1990 in der Nordsee ein *Finnwal* und ein *Zwergwal* entdeckt. In der flachen Ostsee sind Wale allerdings sehr selten, obwohl im wunderschönen Meeresmuseum der alten Hansestadt Stralsund das Skelett eines Wals ausgestellt ist, der in der Ostsee an den Strand gespült wurde und starb.

Mit etwas Glück kann man in der Nord- und Ostsee noch immer den kleinen *Schweinswal,* eine Art Delphin, antreffen, der hin und wieder an den Stränden von Sylt gesehen wird.

Ein Meister im Fernschwimmen, ein *Weiß-* oder *Belugawal,* hat sich im Jahre 1985 von Grönland nach Hamburg aufgemacht. Kurz nach Neujahr stellte er die Hansestadt fast auf den Kopf. Er schwamm neugierig bis in die Innenstadt von Hamburg und tummelte sich in den Hafenbecken. Alle wollten den weißen Wal sehen. Nach zwei Wochen verschwand er wieder. Wahrscheinlich hatte ihm das verschmutzte Elbewasser zu sehr „gestunken“.

Warum die Wale wandern

EIN WARMES BETT FÜR DIE WALBABYS

Grauwale sind trotz ihrer massigen Körper recht „temperamentvolle“ Tiere. Sie werden gut 13 bis 15 Meter lang und erreichen ein Gewicht von 33 Tonnen – fast soviel wie 7 Elefanten.

Das sind unglaubliche Fleischmassen, und es ist schon erstaunlich, mit welcher Eleganz und Schnelligkeit die Dickerchen ihre Pfunde durch das Meer wuchten. Daß sie auch noch Lust haben, alljährlich fast 20 000 Kilometer weit zu schwimmen, ist das Erstaunlichste an ihnen. Die Grauwale halten damit den Fernreise-Weltrekord unter den Säugetieren: 10 000 Kilometer bis zu ihrem Ziel und 10 000 Kilometer zurück von Alaska bis in die Baja California in Mexiko und retour. Und dies Jahr für Jahr!

Warum aber machen die Wale solch anstrengende Reisen? Ganz einfach! In der Baja California gibt es flache, warme Buchten, in denen die Walbabys zur Welt kommen. Hierher kommen keine Haie und keine räuberischen Schwertwale, die es auf die jungen Grauwale abgesehen haben. Das Wasser ist ihnen hier zu warm, zu salzig und vor allem zu trübe. In den flachen Lagunen ist es durch den starken Sog bei Ebbe und Flut immer mit aufgewirbeltem Schmutz vermischt. Hier haben die Räuber gegenüber den wachsamen Walmüttern und -vätern keine Chance.

Im Januar und Februar ist es in Mexiko mollig warm, und ganze Herden von Grauwalen treffen in den drei riesigen Buchten der Halbinsel Baja California ein. Hier feiern sie Hochzeit, hier werden ein Jahr später auch die Walkinder geboren.

Ein neugeborenes Grauwalkind ist schon gut 4,5 Meter lang. Doch trotz seiner Größe ist es noch sehr schwach. So nehmen die Walmütter ihre Kleinen auch mal auf den Rücken, und dort wärmen sie sich dann faul in der warmen Sonne.

Die Kleinen wachsen unglaublich schnell, trinken aber auch riesige Mengen Muttermilch – etwa 100 Liter am Tag. Die fette Milch wird ihnen von den Müttern ins Maul gespritzt.

Grauwalkinder müssen sich mit dem Wachsen auch beeilen, denn bald geht es auf den langen Heimweg, zurück zu den Futtergründen nach Alaska und in die Beringsee, dorthin, wo früher auch die sowjetischen Walfangschiffe mit ihren tödlichen Harpunen auf sie lauerten.

Unterwegs gibt es für die Walkinder nur wenige Gefahren. Ihre Mütter bewachen sie gut, und für Haie sind sie schon zu groß. Nur

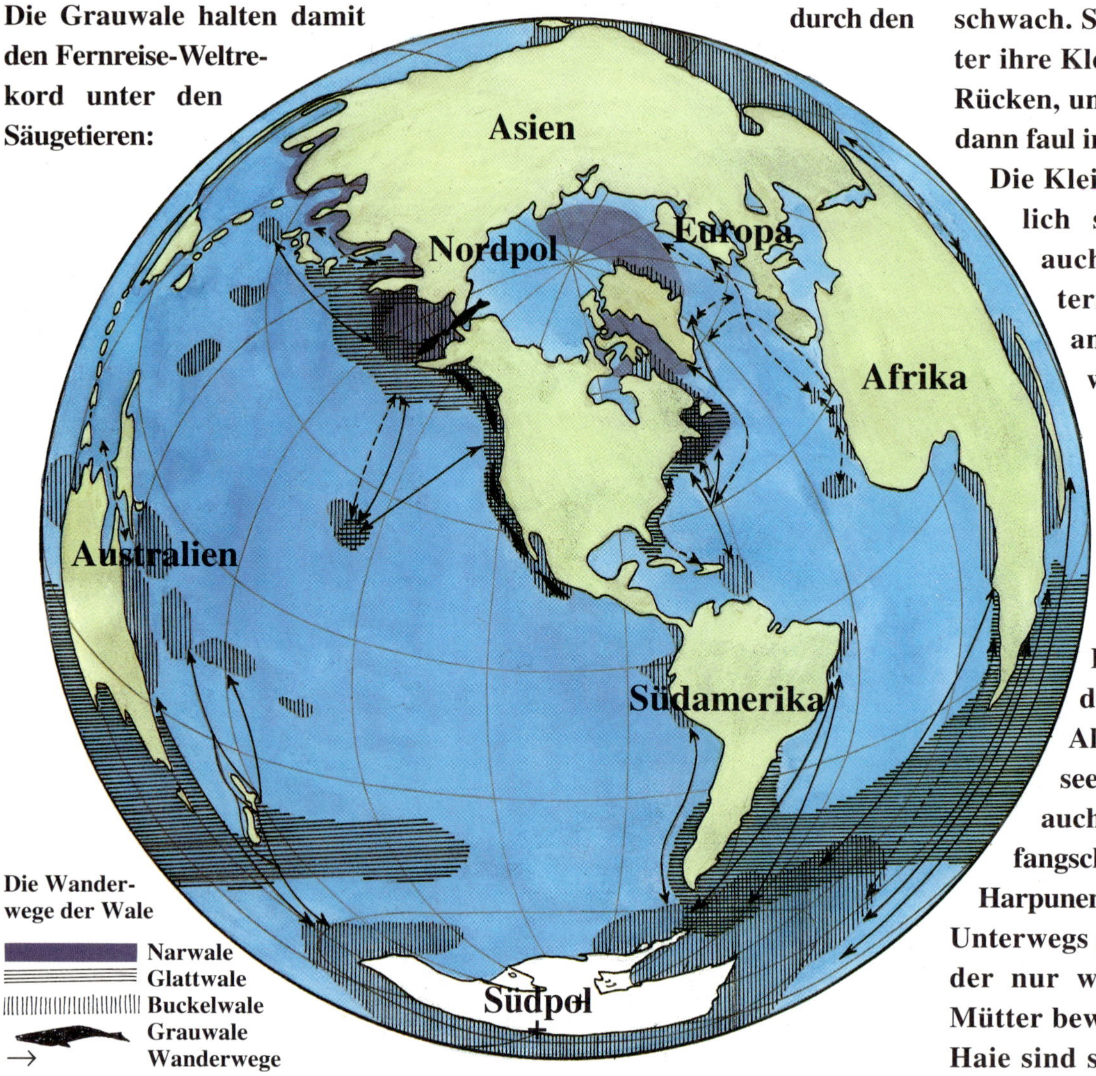

vor den Schwertwalen müssen sie sich in acht nehmen. Doch Grauwalmütter sind schlau: Einmal konnte beobachtet werden, wie ein Schwertwal versuchte, ein Grauwalkind zu töten. Die Walmutter griff den hungrigen Räuber immer wieder an und versteckte das Kalb auf ihrer Brustflosse, die sie aus dem Wasser wuchtete, damit der Schwertwal das Kalb nicht sehen konnte.

Von Mai bis November sind die „Grauen" zurück im Norden und füllen sich den Bauch. Auch die Mütter nehmen dann nach langer Zeit, nach ganzen 8 Monaten, wieder ihre erste Mahlzeit zu sich.

Die Kinder werden fast 1 Jahr lang gesäugt und von der Mutter betreut. Wenn die Familie 12 Monate später wieder in der warmen Baja California eintrifft, ist die Kleinkindzeit für die Walbabys vorbei. Ihre Mütter kümmern sich nun um den neuen Nachwuchs der anderen Mütter. Nach 2 Jahren – die Schwangerschaft kann bis zu 16 Monate dauern – wird das nächste Waljunge geboren. Dann braucht das erste Walkalb seine Mutter nicht mehr. Es wächst im Kreise der Walfamilie auf. Solche Walgruppen werden auch „Schulen" genannt, weil hier die Erziehung der Jungwale stattfindet. Es dauert je nach Art 6 bis 25 Jahre bis ein Wal oder Delphin richtig erwachsen ist. Dann ist er auch sozial reif, d. h. fähig sich in einer Walgruppe richtig zu benehmen. Dann beginnt er auch, sich um die Vermehrung zu kümmern.

LIEBESDIENST

Unsere Grauwale in der Baja California waren ganz besonders hilfsbereite Gesellen: Wenn sich ein Walbulle und eine Walkuh paarten, stützten andere Walbullen die beiden Tiere mit ihren Flossen und Körpern und erleichterten den Riesen so die „Schwerstarbeit".

Walmütter schmusen viel mit ihren Jungen. Das hier sind Buckelwale

WIE WERDEN WALBABYS GEBOREN?

Nach einer Schwangerschaft von 10 bis 16 Monaten, je nach Walart, wird alle paar Jahre ein Junges geboren. Zwillinge sind so selten wie bei uns Menschen.

Noch niemand hat die Geburt eines kleinen Wales beobachtet. Von gefangenen Delphinen aber weiß man, wie die Jungen zur Welt kommen, man nimmt an, daß es bei den großen Walen auch so funktioniert. Die Wal- oder Delphinherde ist bei der Geburt dabei und schwimmt schützend um die Mutter herum. Das Junge kommt mit dem Schwanz zuerst auf die Welt, nicht mit dem Kopf voran, wie wir Menschen oder alle anderen auf dem Trockenen lebenden Säugetiere. Das hat seinen Grund: Solange das Junge noch mit dem Kopf im Mutterleib steckt, wird es mit Sauerstoff versorgt und kann nicht ertrinken. Wenn das Walbaby ganz aus dem Mutterleib heraus ist, wird es von der Mutter und den „Tanten", den anderen Weibchen, sofort zur Oberfläche befördert, wo es seinen ersten Atemzug tut.

	Gewicht	Länge
BLAUWAL	125 t	29 m
POTTWAL	45 t	18,5 m
FINNWAL	35 t	19 m
GRAUWAL	33 t	15 m
SCHWERTWAL	7 t	9,5 m
GROSSER TÜMMLER	300 kg	4 m
ELEFANT	5 t	5,5 m
NILPFERD	3,5 t	4,5 m
KUH	1 t	3 m
MENSCH	80 kg	1,75 m

Ein ausgewachsener Blauwal erreicht das Gewicht von 25 Elefanten

Quiz

4. FRAGE

Wo gibt es Krill?

Weiter Weg zu den Futterplätzen

Nicht nur die Grauwale verbringen viel Zeit in den lauwarmen Buchten der Baja California. Auch Pottwale und viele andere Walarten leben einen Teil des Jahres angenehm in warmen tropischen Meeren. Aber warum bleiben sie nicht im warmen Wasser? Warum wandern sie immer ruhelos durch die Weltmeere? Weil nichts in der Natur ohne Grund geschieht, gibt es auch dafür eine Erklärung: Die warmen tropischen Meere sind meist sehr klar und blau. Und wenn Wasser so durchsichtig ist, hat das seinen Grund: Blau ist die „Wüstenfarbe" der Meere, die Farbe der Kargheit. Hier gibt es nur wenig mineralische Nährstoffe, wenig Sauerstoff und daher auch wenig Algen und kleine Schwebetiere, das sogenannte Plankton, die das Wasser trüben könnten. Wenig Futter also für all die Tiere, die von diesem Plankton leben.

In den kalten Gewässern um die Pole dagegen und auch in der Nordsee, in großen Teilen des

KRILL – DIE NAHRUNG DER BARTENWALE

Das Wort „Krill" kommt aus dem Norwegischen und bedeutet Walfutter. Krill, die Hauptnahrung der Bartenwale, kommt in riesigen Mengen in den kalten und nährstoffreichen Gewässern der Arktis und Antarktis vor. Der kleine Krebs ist ungefähr streichholzlang und lebt von grünen schwebenden Algen. Durch hemmungslose Fischerei ist allerdings auch dieser Nahrungsvorrat inzwischen weniger geworden, und es steht zu befürchten, daß die Wale eines schönen Tages nichts mehr zu fressen finden.

Das winzige Krillkrebschen ist die Lieblingsspeise der Bartenwale

Die mächtige Fluke wird im Wasser auf und ab bewegt und treibt den Wal vorwärts

Atlantiks und des Pazifiks ist das Wasser kälter, sauerstoffreicher und voller Mineralien. Daher können sich riesige Mengen von Algen und kleinen Krebschen (Krill) entwickeln, besonders im Sommer, wenn Tag und Nacht die Sonne scheint. Hier leben die Wale wie im Schlaraffenland: Sie brauchen nur mit offenem Maul durch das Wasser zu schwimmen – und werden dabei mühelos satt.

Im Winter aber nehmen die Vorräte an Plankton in der Arktis und der Antarktis schnell ab, weil es dann Tag und Nacht dunkel ist und die Algen ohne Licht nicht mehr wachsen können. Das Schlaraffenland wird dann auch hier zur Wüste, und viele Tiere müssen hungern. Dazu kommt noch, daß die kleinen Walbabys, die im letzten Winter geboren wurden, keinen warmen Speckmantel haben und zwischen den Eisbergen erfrieren würden. Für die Buckelwale, die Grauwale und einige andere Walarten also Grund genug, in wärmere Gefilde zu ziehen und dort ihre Jungen zur Welt zu bringen. Während der Zeit in den nahrungsarmen warmen Gewässern leben die Eltern von ihrem dicken Speck, den sie sich im Sommer in der Antarktis oder der Arktis angefressen haben.

WIE SCHNELL SIND WALE?
Grau- und Finnwale haben eine Reisegeschwindigkeit von rund 25 Stundenkilometern, wenn sie zwischen den Polen und den warmen Meeren pendeln. Finnwale können aber auch gute 55 Stundenkilometer, Schwertwale und Delphine sogar noch mehr vorlegen. Der Glattwal ist der langsamste unter ihnen. Er schafft nur gemütliche 15 Stundenkilometer. Und der schnellste Wal? Das ist der Flaschennasendelphin. Er bringt im Spurt gut 70 Stundenkilometer. Beinahe soviel wie das schnellste Tier der Meere, der Schwertfisch, der fast 90 Kilometer in der Stunde erreicht.

Warten auf die Wale vor San Diego, Kalifornien

Der Wal ist Gold wert

Der Zug der Wale ist an der amerikanischen Westküste alljährlich ein großes Ereignis. Wenn die „Grauen“ kommen, gibt es sogar schulfrei, oder der Wandertag findet auf einem Schiff statt. Grauwale finden Kinder interessant. Wenn eine Schulklasse besonders gut in hohen Tönen singt oder auch schreit, kommen sie zum Schiff geschwommen und sehen nach, wer da solchen Lärm macht.

Die Bewohner der sonnigen Küste haben sich viel einfallen lassen, um Geld aus der jährlichen Wanderung der Wale zu schlagen. Das größte Geschäft wird heute mit dem sogenannten „Whalewatching“, dem Wale-Beobachten, gemacht. Dies ist eine neue Art der Waljagd – mit dem Fotoapparat nämlich, die dem Wal nicht schadet und den Küstenbewohnern mehr Geld einbringt als früher der Walfang.

Hunderte von Booten und Schiffen voller Touristen fahren hinaus auf die See, um Wale zu beobachten.

Viele Menschen haben auf diesen Schiffen Arbeit gefunden, eine Arbeit, die Spaß macht, bei der man sich nicht die Hände mit dem Blut toter Wale beschmieren muß.

SOUVENIRS, SOUVENIRS!
In den Andenkenläden der „Walküste“ findet man Tassen in Form eines Wales, künstliche Walzähne mit und ohne Gravur, Wale aus Gold, Keramik, Halbedelsteinen und allem, was man sich nur vorstellen kann. Wale zum Essen, Lutschen, Aufblasen und Wale aus Speiseeis. Die Kneipen heißen natürlich „Zum Wal“, „Moby Dick“, und „Zum betrunkenen Walfänger“.

Auch Wale sind neugierig und sehen sich Menschen an. Hier ein Finnwal

Wale in allen Größen und Formen als Souvenirs für die Touristen

In der Kinderstube der Grauwale

Wenige Monate nach meinem Abenteuer mit Greenpeace bin ich wieder unterwegs zu den Grauwalen. Ich soll zusammen mit Freunden einen Bericht über die Kinderstube der Wale in der Baja California machen. In San Diego in Kalifornien mieten wir einen Wagen, besorgen ein Schlauchboot mit Außenborder und tragen all die Dinge zusammen, die man zum Überleben in der Wüste braucht.
Nach einigen Tagen endlos scheinender Fahrt durch die steinigen Wüsten Nordmexikos stehen wir endlich am flachen Ende einer riesigen Bucht, die tief in eine öde Sandwüste hineinreicht. Wir sind da, darüber gibt es keinen Zweifel. Denn als wir den Motor abstellen, ist plötzlich überall das Prusten von Walen zu hören. Laut und deutlich. Und manchmal gibt es einen Knall, wie aus einer Kanone. Bald sehen wir, woher das kommt: Ein Wal ist aus dem Wasser gesprungen und hat sich mit gewaltigem Getöse wieder fallen lassen.

ALT WIE METHUSALEM
Lange Zeit wußte niemand, wie alt Wale werden, bis man eine Methode fand, ihr Alter genau zu bestimmen: Weil Wale sich nie die Ohren säubern, bildet sich dort ein Wachspfropfen, der von Jahr zu Jahr größer wird. Die Jahresringe dieser hornartigen Substanz werden von den Wissenschaftlern gezählt, und so können sie die Anzahl der Jahre feststellen. Der „Methusalem" unter den Walen ist wohl der *Finnwal,* der 100 Jahre alt werden kann. *Seiwale* schaffen nur 70 Jahre, und der *Buckelwal* schwimmt nur ein halbes Jahrhundert lang durch die Weltmeere. *Grau-* und *Zwergwale* leben auch nur 50 Jahre. Die quirligen *Delphine* erreichen ein Alter von nur 40 Jahren – das Alter kann man an ihren Zähnen ablesen.
Bei *Schwertwalen* werden die Männchen nur 50 Jahre, die Kühe aber fast doppelt so alt.

Neben diesem Wal sieht der Taucher winzig aus

Ein schwerer Buckelwal macht mühelos einen Salto

Hohe Sprünge

Ihre Sprünge gehören zu den erstaunlichsten Verhaltensweisen der Wale. Nicht nur der Grauwal schwingt seine 33 Tonnen elegant aus dem Wasser, auch der Buckelwal mit seinen bis zu 50 Tonnen, der Pottwal mit bis zu 45 Tonnen, der Schwertwal mit „nur" 7 Tonnen und der Südliche Glattwal wie auch der Norkaper mit ihren bis zu 50 Tonnen sind keine trägen „Fettsäcke" und wuchten mit spielerischer Eleganz ihre Fettmassen in die Luft.

Der Buckelwal hat sein Programm sogar auf einfache Saltos rückwärts erweitert. Er ist der beste Springer in der Familie der Wale.

Nach langem Studium der Wale und Delphine glaube ich, daß Bewegung den Tieren ganz einfach Spaß macht. Sie haben, wie wir Menschen, eben Freude daran und betreiben in ihrer Freizeit Sport. Und da ist es wie bei uns – der eine kann es besser, der andere weniger, und manche sind wahre Meister, wie der Buckelwal oder bestimmte Delphine.

Doch nichts in der Natur geschieht ohne Sinn und Zweck. Der Krach, den zum Beispiel die Grauwale bei der Ausübung ihres „Sports" verursachen, vertreibt mit ziemlicher Sicherheit Haie und Schwertwale. Nicht umsonst springen die Wale in der Baja California besonders häufig. Viele Walbabys gilt es hier zu schützen.

Ein amerikanischer Wissenschaftler glaubt dagegen, daß Grauwale aus lauter Freude über ihre Neugeborenen „in die Luft gehen". Vielleicht aber ist der Sprung eines Wales auch ein Signal, ein Zeichen für die Spielgefährten: „Hier bin ich. Kommt zum Spielen!"

WIE SIE SCHLAFEN

Russische Wissenschaftler haben herausgefunden, daß Wale und Delphine keine Zeit zum Schlafen haben. Weil die Tiere alle paar Minuten Luft schnappen müssen, dürfen sie nicht in Tiefschlaf verfallen. Auch müssen sie stets auf der Hut sein vor Haien, Treibnetzen, Motorbooten und Schwertwalen. So schlafen sie nur mit einer Hälfte des Gehirns und des Körpers. Sie sind also immer „halbwach" und können auf alle Gefahren reagieren. Nach einer Weile wechseln sie um und schlafen mit der anderen Gehirn- und Körperseite.

Wale und Kojoten

So sahen wir uns schon durch die Luft fliegen

An all das denken wir, als wir mit unserem überladenen Schlauchboot über die Laguna San Ignatio fahren, um unseren Zeltplatz am Eingang der Lagune zu erreichen. Dort, wo durch eine schmale Passage alle Grauwale in die weite Bucht schwimmen, können wir keinen verpassen. In unserer kleinen Nußschale aus Gummi fühlen wir uns überhaupt nicht wohl. Die Geräuschkulisse um das Boot macht uns Angst. Drei Wale kreuzen vor uns, wir müssen ihnen vorsichtig ausweichen.

Wir erschrecken. Vor uns erscheint plötzlich eine riesige Schwanzflosse, von der in Strömen das Wasser rinnt. Sie verschwindet schon wieder unter unserem Boot, noch bevor ich das Gas wegnehmen kann. Wir erwarten einen Stoß, doch nichts geschieht. Immer wieder läßt uns ein donnernder Schlag aufs Wasser zusammenzucken. Ein „Grauer" hat seine Massen aus dem Wasser gewuchtet. Nach zwei Stunden Fahrt läßt unser ängstliches Herzklopfen allmählich nach. Wir haben begriffen, daß die Wale uns genau sehen und uns ausweichen.

Unser kleines Zelt bauen wir am Eingang der Bucht im weißen Sand auf. Die Gegend ist so öde und salzig, daß außer ein paar jämmerlichen Büschen nichts wachsen kann. Wir machen es uns dort so bequem wie möglich, denn die nächsten Wochen werden wir hier verbringen.

Als es dunkel wird, finden sich in der Nähe unseres Zeltes einige Kojoten ein und geben uns eine Vorstellung ihrer Singkünste.

Am nächsten Morgen sind der Anker des Schlauchbootes und unsere Schwimmflossen verschwunden. Den Anker haben wir bald

Brennholz fürs Lagerfeuer ist knapp in der Wüste

Quiz

5. FRAGE

Greifen Wale Menschen an?

RIESIGE FLUKEN

Die Schwanzflosse des Wales ist für ihn so wichtig, wie es für uns die Beine sind. Mit ihr schwimmt er, mit ihr kann er sich verteidigen.

Die Fluke erreicht enorme Ausmaße:
beim Blauwal bis zu 4 Meter
beim Glattwal bis zu 3,5 Meter
beim Grauwal 2 Meter
beim Pottwal gute 2 Meter.

Ganz in der Nähe unseres Zeltplatzes finden wir einen Meeresschildkrötenfriedhof

wieder. Er war doch ein wenig zu schwer für die frechen Präriewölfe. Sie hatten ihn nur bis hinter die nächste Sanddüne geschleppt. Die Gummiflossen finden wir erst nach längerer Fährtensuche angeknabbert irgendwo in der Wüste. Seit diesem Tag fehlt immer wieder einmal etwas, und es ist unglaublich, welch üble Streiche sich die frechen Burschen ausdenken. Wollen sie uns aus ihrem Revier vertreiben?

Unser Leben ist während der nächsten Wochen nicht leicht. Der nächste Ort ist mehrere Fahrstunden von uns entfernt. Die Lebensmittel müssen wir von dort herantransportieren, und das dauert jedesmal einen ganzen Tag. Mit der Angel haben wir auch kein Glück, und so nehmen wir immer mehr ab. Dabei hätten wir den Speck so dringend gebraucht wie die Wale, die wir täglich im Wasser besuchen, um sie zu beobachten und zu fotografieren. Wir frieren entsetzlich, obwohl wir in einem schützenden Tauchanzug stecken, denn das Wasser der Bucht hat hier nur ganze 18 Grad, und Wasser ist ein verdammt guter Wärmeableiter.

„Moby Dick“ und seine Verwandten haben es da viel leichter. Mit ihrer dicken Speckhülle sind sie gegen Kälte und Wärme gleichermaßen gut isoliert. Doch dieses Geschenk der Natur, das den Walen das Überleben im Wasser ermöglichte, hätte sie fast das Leben gekostet: Wegen ihres Specks wurden sie früher von den Walfängern gnadenlos gejagt und beinahe ausgerottet.

Der Tod eines Finnwales. Noch kämpft er um sein Leben

Der Walfang

Schon im 12. Jahrhundert fuhren unsere Vorfahren mit winzigen Booten aufs Meer, um Wale zu stechen. Das war eine gefährliche Arbeit, und die Wale hatten gute Chancen, mit dem Leben davonzukommen. Später wurden die Gewehre erfunden, und die Boote wurden sicherer und größer. Ende des 17. Jahrhunderts gingen die Engländer und Holländer mit großen Segelschiffen auf Jagd. Doch der Walfang blieb gefährlich: Die Schiffe wurden vom Eis zerdrückt oder blieben zwischen den Eisschollen stecken. Stürme versenkten sie. Manch wütender Pottwal zerschmetterte mit seiner Schwanzflosse die kleinen Beiboote mit den Walfängern.

Altes verlassenes Kanonenboot in der Antarktis

„Heiße Harpune“ mit der Sprenggranate

Die Walfangstation von Grytviken auf Südgeorgien war eine der größten

Mit der Erfindung der Dampfschiffe und der Harpunenkanone, die eine explodierende Granate („heiße Harpune“) in den Wal schießt, wurde die Jagd unfair. Und als die Wale gleich auf den Walfangmutterschiffen verarbeitet werden konnten, begann das große Sterben. Später setzte man dann nur noch die „kalte Harpune“ ohne Sprengladung ein, mit der das wertvolle Fleisch geschont wurde, weil sie im Wal ohne Explosion riesige Widerhaken aufspannte und das Tier stundenlang zu Tode quälte. Heute hat kein Wal mehr eine Chance, der modernen Technik der Walfangschiffe zu entkommen. Mit Hubschraubern und Echoloten wird auch der letzte Wal aufgespürt.

Der Speck war es, der den Walen lebensgefährlich wurde. Der sogenannte Blubber war die geldbringende Beute der Walfänger. Daraus wurde vorwiegend Waltran hergestellt – vor der Erfindung des elektrischen Lichtes der wichtigste Brennstoff für Lampen. Später wurde Waltran zu Margarine verarbeitet, zu Medizin und Schuhputzmittel.

Auch das Walfleisch wurde gegessen, doch ohne Kühlschränke verdarb es leicht und konnte nicht weit transportiert werden. Material für Tennisschläger und Korsetts wurde aus dem Wal gewonnen, und in den Jahren nach dem 2. Weltkrieg verarbeitete man praktisch den gesamten Wal. Aus

GESUNDER LEBERTRAN

Es ist ein altes Märchen, daß Lebertran aus der Leber des Wales hergestellt wird. Früher wurde er aus dem Speck der Wale gewonnen, heute gewinnt man ihn aus Fischfleisch, auch aus der Leber von Fischen. Lebertran ist gut gegen Krankheiten, die durch Vitaminmangel entstehen.

SCHLAUER ALS WIR MENSCHEN

Ein alter russischer Biologe sagte einmal zu mir: „Der Unterschied zwischen den Walen und uns Menschen besteht darin, daß diese Tiere einfach schlauer sind. Auch ein schlimmer Räuber, wie der Schwertwal, würde nicht zu viele Tiere töten. Er weiß, daß das seinen eigenen Tod bedeuten kann, weil er dann eines Tages keine Nahrung mehr findet. Wir Menschen werden das wohl nie begreifen. Wir vermehren uns wie verrückt und rotten alles andere Leben auf der Erde aus.“

Quiz

6. FRAGE

Warum frieren Wale nicht?

Zerlegen eines Wals auf einer isländischen Station

einen Wal fanden. Die Walfangindustrie hatte sich den Ast abgesägt, auf dem sie saß. Rund 2 Millionen Wale waren abgeschossen worden, und nun gab es kaum noch etwas zu jagen.

Nur noch drei besonders sture Länder kümmern sich nicht um die Meinung der Welt: Japan, Norwegen und Island brauchen das Fleisch und den Speck der Wale heute zu „wissenschaftlichen Zwecken", wie sie es nennen. Doch aus Forschung entstehen irgendwann Ergebnisse, und darauf warten die Wissenschaftler schon viele Jahre vergebens. Das Fleisch von einigen 100 Zwergwalen, die ihr Leben für die „Wissenschaft" hergeben mußten, landet in japanischen Feinschmeckerrestaurants. Ein Kilo „Onomi", das Fleisch aus der Schwanzgegend des Wales, wird in japanischen Delikatessengeschäften für über 500 Mark gehandelt.

den Knochen machte man Düngemittel, das Fleisch wurde tiefgefroren nach Europa und Japan geliefert. Daß Walfleisch auch noch als Tierfutter verwendet wird, gehört aber zu den wohl übelsten Machenschaften der Menschen.

In den letzten 10, 20 Jahren hat ein Land nach dem anderen den Walfang aufgegeben. Das Abschlachten der großen Wale war zu teuer geworden, weil die Walfangschiffe zu weit fahren mußten, bis sie einmal

Der Narwal,
das Einhorn der Meere,
ist inzwischen fast ganz ausgerottet

WAS AUS WALEN ALLES HERGESTELLT WERDEN KANN

Walfett, Walrat (Waltran):
Margarine, Maschinenöl, Salben, Kosmetika, Seife, Schuhcreme, Parfüm. Früher auch Lampenöl.

Walfleisch:
Konserven, Walsteaks, Gulasch, Tierfutter, Fischmehl, Schinken, Wurst, Dörrfleisch.

Innereien:
Lebertran, Fleischextrakt, Hormonpillen, Gelatine, Leim, Tennisschlägerbespannung.

Barten:
Schuhlöffel, Zigarettenspitzen, Angelruten.

Knochen:
Öl, Leim, Fischmehl, Dünger, Gelatine.

Seitdem es moderne chemische Kunststoffe gibt und die Jojobapflanze entdeckt wurde und nun auch angepflanzt wird, müßten Wale nicht mehr getötet werden. In Europa und Amerika dürfen Walprodukte aufgrund neuer Gesetze nicht mehr verwendet werden. In Japan jedoch wird der Wal noch in vielen Industriezweigen, zum Beispiel der Foto- und Pharmaindustrie, verarbeitet.

Grausames Morden

Die Grindwaljagd auf den Färöer-Inseln ist heute eine blutige und grausame Angelegenheit, für die Einheimischen jedoch ein Volksfest

Im Norden Europas liegt mitten im Atlantik ein abgelegenes Inselreich. Hier wächst kein Baum und kein Strauch, nur Gras, und so gibt es auf den grünen Inseln im Nordatlantik mehr Schafe als Menschen. Schafe sind der wichtigste Erwerbszweig der Fähringer, der Bewohner der Färöer-Inseln. Doch auch die Fischerei hat sich in den letzten Jahren recht gut entwickelt. Hungern muß hier schon lange niemand mehr.

Früher war das allerdings anders. Noch vor einem halben Jahrhundert waren Fleisch und Fisch rar, und da kam es den Inselbewohnern sehr zupaß, daß gelegentlich Grindwalherden an den Inseln vorbeizogen. Auf Wachtürmen wurde Ausschau gehalten und sofort Alarm geschlagen, wenn die Wale kamen. Dann fuhren alle hinaus aufs Meer, um die Grindwale mit kleinen zerbrechlichen Booten in die Buchten der Insel zu treiben und sie dort zu schlachten. Das war gefährliche und harte Arbeit. Das Fleisch wurde an alle verteilt und für Notzeiten eingepökelt.

Heute ist diese Jagd auf den Färöer-Inseln zur gemeinsten Tiermetzelei der Welt verkommen. Obwohl niemand mehr das Walfleisch braucht, werden weiter Grindwale abgeschlachtet. Die Jagd wurde zum blutigsten Volksfest der Welt, und selbst Kinder stehen dann bis zum Bauch im Wasser und töten die verängstigten Tiere mit Messern und Harpunen. Die sonst so intelligenten Tiere sind so verschreckt, daß sie in ihrer Todesangst blindlings gegen Felsen schwimmen und sich das Genick brechen. Sie könnten mit Leichtigkeit die Menschen aus den Booten kippen und zermalmen, aber sie tun es nicht. Warum sie sich nicht wehren, weiß niemand. Und so geht trotz internationaler Proteste das blutige Gemetzel weiter.

IWC – WALJAGD ODER WALSCHUTZ?

Die Internationale Walfangkommission IWC war einmal eine reine Waljagdkommission. Sie wurde 1946 gegründet, weil offensichtlich wurde, daß die hemmungslose Jagd der vergangenen Jahre kaum noch Wale am Leben gelassen hatte. Die Walfangindustrie fürchtete um ihr Überleben und wollte mit „Fangquoten" sicherstellen, daß die Wale nicht endgültig ausgerottet werden. Heute hat sich die IWC fast zu einer Walschutzkommission gewandelt. Ihr treten immer mehr Nationen bei, die Wale schützen wollen. So kommt es, daß von den heute 36 Mitgliedsländern eine knappe Mehrheit für die Einstellung der Waljagd ist. Und so wurde es auch möglich, daß 1982 mit einer Zweidrittelmehrheit ein Walfangmoratorium, also eine Pause für den Walfang, verabschiedet wurde. Doch das Verbot läßt sich leicht durch den „wissenschaftlichen" Walfang umgehen. Island trat einfach aus der IWC aus und kann nun unbehelligt mit dem Walfang weitermachen, und Japan will gar 330 Wale der „Wissenschaft" opfern.

DER GRINDWAL

Grindwale sind relativ kleine Wale von „nur" 6 Metern Länge. Mit viel Glück kann man ihnen auch in der Nord- und Ostsee begegnen. Sie gehören zu den Zahnwalen.

Wer ist neugieriger – Wal oder Taucher?

Wale von Angesicht zu Angesicht

An die schrecklichen Szenen auf den Färöer-Inseln muß ich immer wieder denken, wenn ich in der Laguna San Ignatio zwischen den riesigen Grauwalen umherschwimme.

Hier in der Baja sind wir es nun, die den Walen vollständig ausgeliefert sind. Als unwichtige Winzlinge schwimmen Bernd und ich mitten unter diesen Monstern herum und haben Angst. Wir verfluchen den Tag, an dem wir uns auf dieses Abenteuer eingelassen haben.

Jörg gibt uns inzwischen Anweisungen: „Dort schwimmt einer! Da! Haltet auf ihn zu!“

Der hat gut reden. Er sitzt warm und sicher in der Sonne im Schlauchboot, und wir sollen hier im kalten Wasser Wale fotografieren. Aber versprochen ist versprochen, und so nehmen wir allen Mut zusammen, peilen den Wal an und tauchen ab. Nach einer Weile kommt dann aus der trüben Suppe so etwas wie eine Hauswand auf uns zu, weicht uns vorsichtig aus und zieht vorüber. Bis der Wal ganz vorbeigeschwommen ist, haben wir längst keine Luft mehr und müssen an die Oberfläche.

Nach einiger Zeit merken wir, daß die Wale uns in Ruhe lassen und sogar vorsichtig ausweichen. Wir beginnen uns sicher zu fühlen und verlieren allmählich den letzten Rest Angst. Wie leicht könnten uns diese Kolosse rammen oder mit einem Schlag ihrer gewaltigen Schwanzflosse den Schädel einschlagen. Aber sie tun es nicht. Die „sanften Riesen des Meeres“ machen ihrem Namen alle Ehre.

Quiz

7. FRAGE

Wie groß werden Grauwale?

Der Schmusewal

Manche Grauwale in der Baja California sind richtig verschmust und lassen sich sogar genüßlich streicheln

Wir leben nun schon einen Monat am Rand der Wüste.
Wir haben uns ebenso an die nächtliche Kälte und die Hitze des Tages gewöhnt wie an das Heulen der Kojoten hinter der Zeltwand. Regen und Wolken scheinen in dieser Gegend der Welt unbekannt zu sein.
An einem dieser sonnigen Tage geschieht etwas Ungewöhnliches: Ein Wal schwimmt an unser Boot heran und beginnt, sich daran zu scheuern. Unvorbereitet auf den Stoß poltern wir erst einmal durcheinander. Der „Graue" liegt nun still neben uns im Wasser und pustet uns aus den Blaslöchern seinen feuchten, nach Fisch riechenden Atem ins Boot.
Endlich! Auf diesen Augenblick haben wir seit Wochen gewartet. Wir wissen, daß die Wale manchmal zärtliche Anwandlungen haben und hatten für diesen Fall vorgesorgt: Ein großer, rauher Scheuerbesen liegt immer im Boot bereit. Ich nehme den Besen und fange an, den Kopf des Wales zu schrubben. Der Dicke wälzt sich prustend zur Seite und scheint äußerst zufrieden zu sein mit meinen Scheuerkünsten. Jörg und Bernd fotografieren wie verrückt. Wie sich später herausstellen sollte, waren alle Filme in der Aufregung zweimal belichtet worden, also unbrauchbar.

Immer, wenn ich aufhöre zu schrubben, weil mir die Arme vor Müdigkeit fast abfallen, rempelt der Wal gegen das Boot. Weiter! Nun öffnet das verwöhnte Viech auch noch sein Maul, und ich muß ihm die Zunge kratzen. Mein Arm verschwindet bis zur Schulter in dem riesigen Schlund. Die hornigen Barteln sind an ihrem Ende ausgefranst wie eine Wurzelbürste und kitzeln mich ständig. Der Wal kann gar nicht genug kriegen.
Vielleicht war er ja dabeigewesen, als wir unsere Aktion in Sibirien durchführten. Nun dankt er mir mit seinem Vertrauen für seine Lebensrettung. Unser Wal jedenfalls nimmt das Schlauchboot gegen Ende der Vorstellung auf den Rücken und schaukelt uns ordentlich durch. Doch diesmal haben wir keine Angst mehr. Offensichtlich will er uns seinerseits einen Gefallen tun, und bei Walen gilt das Hin- und Herwiegen wohl als besonders nette Geste.

Quiz

8. FRAGE
Welches ist der schnellste Wal?

WIEVIEL FRESSEN WALE?
Ein Delphin braucht 7 bis 10 Kilo Fisch am Tag, ein Buckelwal bis zu 1 Tonne Krill.
Verdauungsbeschwerden kennen Wale nicht – der Pottwal hat gleich 7 Mägen, der Delphin 3.

WACHSAME MÜTTER
Alle Tiermütter verteidigen ihre Jungen. Auch Walmütter. Draußen auf dem Meer, wenn die Neugeborenen ein wenig größer sind, reagieren die Walkühe allerdings nicht mehr so aggressiv.
Wale und Delphine haben verschiedene Methoden, um sich und ihre Jungen zu verteidigen. Wale benutzen gern ihre gewaltige „Fluke" und schlagen damit um sich. Manchmal rammen sie den Gegner einfach mit ihrem massigen Körper.
Delphine haben sich vorwiegend auf das Rammen verlegt. Mit ihrem kräftigen spitzen Kopf können sie einen Hai so fest in die Seite stoßen, daß er sofort tot ist.

Manchmal wird's gefährlich

Nicht immer sind Grauwale so friedlich wie unser Schmusewal. Die Bezeichnung „sanfte Riesen der Meere" verführt zu Trugschlüssen. Auch wir hatten zuerst geglaubt, daß die „Grauen" eben liebe Dummerchen seien. Doch eines Tages, als Bernd und ich allein im Boot sind, taucht direkt vor dem Boot ein Grauwal ab und schwappt mit seiner riesigen Fluke Tonnen von Seewasser in unser Boot. Zum Glück ist das Schlauchboot ein unsinkbares Modell, das auch schwimmt, wenn es voll Wasser ist.
Kurz darauf rempelt der Wal unser Boot so unsanft und wütend an, daß wir beinahe über Bord fallen. Dann sehe ich den Grund für den Angriff: Neben dem „Grauen" schwimmt ein Neugeborenes. Grund genug für die Walmutter, uns zu vertreiben. Und sie ist fair! Sie hatte uns gewarnt, aber nun macht sie ernst. Sie schwimmt mit der Geschwindigkeit eines Riesentankers auf uns los. Es ist höchste Zeit, abzuhauen!
Ich lege den Gang ein und rase mit Vollgas ins flache Wasser. Die Walmutter hinterher. Erst als wir weit genug entfernt sind, läßt sie uns zufrieden. Das ist noch einmal gutgegangen, und in den nächsten Tagen passen wir höllisch auf. In der benachbarten Scammons-Lagune sind auf diese Art und Weise schon drei Menschen umgekommen. Der Wal hatte ihr Boot mit der Schwanzflosse zertrümmert und die Menschen in die Luft geschleudert. Wahrscheinlich waren auch sie einem Kleinen zu nahe gekommen.

Sänger und Komponisten

Wale sind sehr „gesprächig". Ob sie allerdings eine Sprache sprechen, wie wir Menschen, darüber streiten sich die Gelehrten. Sicher ist, daß Wale jede Menge Laute und Töne erzeugen, um sich damit zu verständigen. Und den Walen scheint's zu reichen, anscheinend können sie sich damit eine ganze Menge „erzählen".

Buckelwale sind „musikalische" Tiere, die langsame, getragene Gesänge lieben. Am besten gefallen ihnen Schallschwingungen, die im Bereich unserer Musik liegen. Wenn ein Wal singt, schweigen die anderen. Danach ist der nächste dran. Schön der Reihe nach. Beim Singen bewegen sie die gewaltigen Flossen rhythmisch vor und zurück. So ein Walsolo dauert eine halbe Stunde. Und manchmal singen sie auch im Duett oder im Chor.

Buckelwale gehen mit der Zeit und erfinden immer wieder einen neuen Hit, der jedes Jahr verbessert wird. Und dann singen alle Buckelwalmänner den Hit der Saison. Ein Radio brauchen die Tiere nicht. Weil Wasser besonders gut den Schall transportiert, können sie ihre Schlager über mehrere 100 Kilometer weit hören. Neben dem Gesang geben die Buckelwale noch andere Geräusche von sich, die der Verständigung dienen.

Noch vor wenigen Jahren nahm man an, daß nur die Buckelwale und die Delphine Geräusche produzieren – inzwischen werden jedoch bei immer mehr Walarten Töne entdeckt.

Unser Wissen über den Gesang der Wale ist bislang erbärmlich, und es steht zu befürchten, daß die Tiere ausgerottet sein werden, ehe Wissenschaftler dieses Rätsel entschlüsselt haben.

Die Buckelwale sind die Sänger unter den Walen

WALGESÄNGE
Diesem Buch beigepackt ist eine Kassette mit Walgesängen und Delphingesprächen. Ob ihr versteht, was uns die Wale sagen wollen?

Nancy Black
von der Oceanic Society
untersucht Delphinlaute

ROCKFANS
Schwertwale wurden in freier Natur wochenlang über Unterwasserlautsprecher mit den verschiedensten Tönen und Lautspielereien berieselt – auch mit Musik vom Band. Doch die Wale waren an derlei Konzerten nur wenig interessiert. Als jedoch die kanadische Rockband „Fireweed" an Bord eines Segelschiffes spielte, lockte die flotte Live-Musik die Schwertwale gleich dutzendweise an. Musik aus der „Konserve" aber lehnen sie wahrscheinlich wegen der für ihre Ohren miserablen Qualität ab.

WALGESANG IM WELTALL
Eine Schallplatte aus Gold und Platin mit Grußworten in mehreren Sprachen, verschiedenen Geräuschen der Erde und den Gesängen der Wale befindet sich an Bord aller Raumschiffe der USA. Vielleicht hört ja irgendwo im Weltall – wenn es die Menschen vielleicht schon nicht mehr gibt – ein fremdes Wesen diese Gesänge und wird verstehen, was uns die Wale sagen wollten. Und vielleicht war es die Botschaft des Friedens, den wir so dringend nötig hätten?

Delphine lassen sich durch Geräusche anlocken

Mit den Ohren sehen

Im trüben Wasser der Lagune wunderten wir uns immer wieder, wie knapp die Wale uns unter Wasser auswichen und so dicht an uns vorbeischwammen, daß wir gerade noch eine Hand dazwischen halten konnten. Die Wale hatten uns entdeckt, lange bevor wir sie sahen, obwohl sie mit ihren kleinen Schweinsaugen im trüben Wasser auch nicht besser sehen konnten als wir. Wie war das möglich?

Wale machen sich ein „Hörbild“ ihrer Umwelt

Stellt euch vor, ihr könntet mit geschlossenen Augen im dichtesten Verkehr durch eine Großstadt marschieren und „sehen“, wo sich alle Gegenstände, Menschen und Häuser befinden. Ihr könntet auch „sehen“, welche Figur ein Mensch hat, der euch entgegenkommt, wie er sich fühlt und ob er bei guter Gesundheit ist. Unmöglich? Wale und Delphine können das.

Wale und Delphine „sehen“ mit den Ohren. Sie machen sich ein „Hörbild“ ihrer Umwelt, so wie Fledermäuse. Das Prinzip ist dasselbe, wie bei modernen U-Booten und Schiffen: Mit dem „Sonar“ sendet ein Sender Laute aus, die wir nicht hören können, sogenannte Ultraschallaute, und nach einigen Sekundenbruchteilen kommt das Ganze, von einem Gegenstand oder einem anderen U-Boot zurückgeworfen, als Echo wieder bei uns an. Daraus macht das Gerät dann ein Bild, das der Fachmann an Bord ziemlich genau erkennen kann. Wale können das noch besser und „sehen“ mit diesem „Gerät“ in ihrem Körper auch im trüben Wasser ungeheuer weit und scharf. Die Schallwellen, die Wale dafür benutzen, haben nichts mit der „Sprache“, also der Verständigung der Wale und Delphine untereinander, zu tun, sondern sie dienen nur der Ortung. Man kann sie mit moderner Technik auf dem Tonband hörbar machen, doch manche Menschen können sie auch so hören. Ich zum Beispiel habe das Glück! Für mich hören sich die Ortungstöne an wie ein vorbeifahrendes Motorrad oder lauter schnelle Klicks – und das 500mal in der Sekunde.

Wissenschaftler registrieren gewissenhaft alle Verhaltensweisen der Delphine

Der siebte Sinn

Wale leben in einer anderen Welt. Mit ihrem Sonarsystem, das irgendwo zwischen Gehör und Augenlicht liegt, können die Tiere wohl Dinge wahrnehmen, die unseren Sinnen verborgen bleiben. So scheinen Delphine ständig eine Art biologische Röntgenreihenuntersuchung durchzuführen, denn sie sind offensichtlich in der Lage, durch andere Lebewesen hindurchzusehen. Einige Wissenschaftler vermuten sogar, daß Wale und Delphine mit Hilfe ihrer sehenden Ohren selbst den Gemüts- und Gesundheitszustand eines anderen Lebewesens feststellen können. Möglich ist auch, daß die Delphine mit ihren Schallwellen die Laune eines anderen Lebewesens erkennen und beeinflussen.

Wir Menschen können die meisten Töne, die Wale und Delphine erzeugen, auch dann nicht hören, wenn wir den Kopf unter Wasser stecken, denn unser Gehör versagt schon bei einer Schallfrequenz von 20 000 Hz seinen Dienst. Da fängt das Hören für die Wale erst richtig an. Nur mit Hilfe besonderer Apparate konnte man diese Töne für Menschen hörbar machen. (Die Walgesänge allerdings, die wir auf unserer Kassette finden, sind ohne technische Tricks aufgenommen.)

Die Rettungsaktion

Eines Morgens kommen mexikanische Fischer zu uns ins Camp, um uns Fische und Langusten zu verkaufen. Sie erzählen uns, daß ganz in der Nähe ein Wal gestrandet sei. Und tatsächlich, nur eine halbe Stunde Bootsfahrt entfernt, kämpft ein Grauwal im flachen Wasser um sein Leben.

Es ist Ebbe, und das Wasser zieht sich immer mehr zurück. Wir versuchen in aller Eile, den Wal mit Seilen, die wir vorsichtig um seine Fluke gewickelt haben, mit dem Boot zurück ins tiefere Wasser zu ziehen. Vergeblich – unser Motor ist für das schwere Tier zu schwach. Hilfe können wir hier in der Wüste nicht holen, und die Fischer hatten uns schon gleich mitgeteilt, daß sie dafür keine Zeit hätten. Außerdem halten sie einen Rettungsversuch für aussichtslos.

„Kranke Wale begehen manchmal Selbstmord", hatte der ältere Fischer gemeint. „Die schwimmen dann gleich wieder an den Strand, wenn man sie gerettet hat! Ich hab das schon öfter erlebt. Das hat keinen Sinn!"

Der arme Wal! Wir müssen zusehen, wie er langsam stirbt. Aus seinem Maul fließt ein Blutstrom. Wir können nichts mehr tun. Ich tröste mich damit, daß das Tier krank ist und vielleicht sterben will. Amerikanische Wissenschaftler, die zufällig einen Tag später eintreffen, untersuchen das Tier und bestätigen meinen Verdacht. Weil der Wal krank war, hatte er sein Sonar wohl einfach abgeschaltet. Das wunderbare Sinnesorgan hätte im flachen Wasser nämlich sofort Alarm geschlagen.

Wissenschaftler untersuchen unseren gestrandeten Wal. Auch sie wissen nicht, warum Wale immer wieder stranden

Warum stranden Wale?

Über kaum eine Frage ist so viel gestritten worden wie über die Strandungen der Wale. Es gibt viele Theorien dazu, und heute glauben die meisten Forscher an folgende Begründung:
Die Erde hat geomagnetische Felder. Unser Kompaß zeigt sie uns sehr ungenau an, während Wale die Magnetfelder viel besser lesen können. Sie „sehen" die Täler, Berge und feinen Verästelungen dieser Magnetfelder ganz genau. Sie „lesen" eine magnetische Karte und haben wohl für bestimmte Plätze auch eine magnetische Karte im Gedächtnis.
Offensichtlich gibt es manchmal Störungen in diesen Magnetfeldern. Vielleicht werden diese auch durch menschliche Einflüsse verändert. Die Wale können ihre Landkarte nun nicht mehr lesen. Es kommt zu einem Unfall, zu einer Strandung. Wale sind dann wie Autos, die von der Straße abkommen.
Alle Jahre stranden irgendwo auf der Welt ganze Schulen von Walen. Manchmal sind es über 100 Tiere, die auf dem Trockenen liegen und in der heißen Sonne qualvoll verenden.
Wale haben eine empfindliche Haut, die in der Sonne leicht verbrennt und sich in Fetzen ablöst. Das ist dann der sichere Tod für einen Wal.
Großwale werden auch meist von ihrem eigenen Gewicht erdrückt. Im Wasser sind sie federleicht, weil Fett gut schwimmt und sie genügend Wasserverdrängung und damit Auftrieb haben, während an Land viele Tonnen Fett und Muskeln die Lungen zusammendrücken und dem Wal das Atmen unmöglich machen.

Walfeuerwehr. Die Gruppe *Westwhales* in Australien rettet einen gestrandeten Zweizahnwal

DIE WALFEUERWEHR
An den australischen Küsten stranden Wale besonders häufig. Vor drei Jahren gründete mein alter Freund André Foulon daher an der australischen Westküste eine „Walfeuerwehr". Wenn irgendwo gestrandete Wale entdeckt werden, erhalten alle Mitglieder der Walfeuerwehr einen Notruf per Telefon oder Funk. So schnell es geht, fahren sie dann zum Strand und sorgen dafür, daß die Tiere sofort mit Wasser begossen und gekühlt werden. Bauern mit Treckern kommen zu Hilfe, und die Wale werden nach einem bestimmten Plan von diesen Treckern mit hydraulischen Frontladern wieder ins Meer geschafft. Manchmal können die Helfer sie auch einfach hineinrollen. Im Wasser werden die Wale in Bettlaken gelegt und sanft hin- und hergeschaukelt, bis sie ihren Schock überwunden haben. Das Schaukeln beruhigt die gestreßten Tiere, so daß sie begreifen, wo sie sich befinden, und nicht in Panik erneut stranden. Manchmal müssen sie allerdings mit Booten und schweren Raupen weit weg an einen anderen Strand geschafft werden, denn am Ort ihres Unglücks schwimmen sie oft zurück an dieselbe Stelle.

Gravierte Pottwalzähne (links echt, rechts Imitat). Der Verkauf echter Zähne ist inzwischen verboten

Walretter

Andrés Walfeuerwehr in Australien ist keine Ausnahme. Weltweit gibt es inzwischen gut 250 Gruppen, die sich um die Wale kümmern, und nicht nur um die gestrandeten. Mit aufsehenerregenden Aktionen und zäher Fleißarbeit haben verschiedenste Umweltschutzorganisationen auf die Bedeutung der Wale aufmerksam gemacht und so viel zur Rettung der Wale beigetragen. Und das ist auch richtig so. Wir Menschen haben an diesen Tieren viel wiedergutzumachen. In einem Zeitraum von nur 100 Jahren haben unsere Vorfahren wohl mehrere Millionen Wale umgebracht.

Heute gibt es in Deutschland und in einigen Ländern der Europäischen Gemeinschaft einen Importstopp für Walprodukte. Niemand darf mehr Walfleisch, Waltran oder auch nur Walknochen oder gravierte Pottwalzähne nach Deutschland bringen. Wer es trotzdem tut und erwischt wird, muß Strafe zahlen.

Doch noch immer werden Wale getötet. Wir dürfen den Umweltschutzorganisationen die Arbeit nicht allein überlassen. Wenn die sanften Riesen der Meere überleben sollen, müssen alle mithelfen, sonst ist das nicht zu schaffen. Die Walfeuerwehr in Australien ist ein gutes Beispiel dafür.

Quiz

9. FRAGE

Warum stranden Wale?

DIE BEKANNTESTEN WALSCHUTZGRUPPEN

DEUTSCHER TIERSCHUTZBUND: Ältester Tierschutzverein Deutschlands. Schutz von Haus- und anderen Tieren. Organisation von Aktionen gegen Walfang. Viele örtliche Tierschutzvereine. Beitrag: DM 12 für Schüler, DM 50 für Erwachsene.

GREENPEACE: Wurde 1972 von dem Kanadier David MacTaggart gegründet. Heute hat Greenpeace weltweit ca. 5 Millionen Unterstützer in 40 Ländern. In Deutschland beträgt die Fördererzahl 600 000, wobei der Mindestbeitrag für Schüler DM 30 ist, für Erwachsene DM 50.

GSM – Gesellschaft zum Schutz der Meeressäugetiere: Seit 1977 konkrete Projekte zum Schutz der Wale. Schwerpunkt: Schutz der Meeressäuger und ihrer Lebensräume. Schutz der Mönchsrobben. Förderbeitrag: ab DM 25.

OCEANIC SOCIETY: Forschung, Tourismus und Delphinschutz in einem. Nennt sich „Stimme der Welt des Schweigens“. Besteht seit 1969 in Amerika. Arbeits- und Forschungscamps für Mitglieder. Umwelterziehung.

WWF – World Wide Fund for Nature: 1961 gegründet. Vertreten in 23 Ländern. Ungefähr 140 000 Mitglieder in Deutschland. Konkrete Naturschutzprojekte. Mehrere große Kampagnen zum Schutz der Wale. Mitgliedsbeitrag: DM 30 für Schüler, DM 100 für Familien.

(Weitere Informationen auf Seite 73).

Und was können wir tun?

Es genügt nicht, Geld an „Greenpeace“ oder andere Organisationen zu zahlen und zu warten, daß sie die Arbeit zum Schutz der Wale durchführen. Auch Kinder und Jugendliche können aktiv werden, alle in ihrem eigenen kleinen Bereich zu Hause und in der Schule:

– Überzeugt eure Eltern und Mitschüler von der Wichtigkeit, kein Thunfischfleisch aus der Dose mehr zu essen! Durch solch einen Boykott könnten viele Delphine gerettet werden.

– „Wir kaufen keinen Fisch aus Island und Norwegen, so lange dort Wale getötet werden!“ Auch unter diesem Motto können wir Wale retten. Mit etwas Aufmerksamkeit läßt sich feststellen, woher der Fisch in der Tiefkühltruhe stammt, der am Freitag auf den Mittagstisch soll. Im Zweifelsfall hilft eine Anfrage bei den Umweltschutzverbänden (s. S. 73)

– Oder ein Streik, wenn die Eltern auf die Idee kommen, ausgerechnet in einem Land Urlaub machen zu wollen, das noch immer Walfang betreibt.

Auch bei den großen Umweltschutzverbänden können Kinder mithelfen. Diese führen regelmäßig Aktionen durch, bei denen Unterschriften gesammelt und Protestschreiben an Regierungen geschrieben werden. Das hilft tatsächlich! Als es um das Moratorium des IWC (s. S. 33) ging, haben wir allein in Deutschland in nur wenigen Monaten über 3 Millionen Unterschriften gegen den Walfang gesammelt und sie auf der Tagung der IWC in Brighton übergeben. Das hat ganz sicher ein wenig geholfen. Ohne die Hilfe von engagierten Kindern einzelner Schulklassen, ja ganzen Schulen wäre das nie möglich gewesen!

Auch in Rußland werden Briefmarken zum Schutz der Meerestiere herausgegeben

Millionen von Unterschriften gegen den Walfang gingen bei Greenpeace in Säcken ein

Quiz

10. FRAGE

Wird Lebertran aus Walleber hergestellt?

BELUGAWALE
Das Wort „Beluga“ kommt aus dem Russischen und heißt „weiß“. Die kleinen Wale leben auf der Nordhalbkugel unserer Erde und lieben das kalte Wasser. Der Weißwal, wie er bei uns auch genannt wird, lebt in kleinen Gruppen von zwei bis drei Tieren. Im Sommer schwimmen sie zu Hunderten große Flüsse hinauf. Im Amur-Fluß in Asien wurden sie schon 2 000 Kilometer flußaufwärts gesehen. Sie leben von Fischen, Krabben und Kraken. Die Tiere werden bis 4,5 Meter lang. Wegen ihrer Anpassungsfähigkeit hält man sie gern in Ozeanarien.

Internationale Hilfe

Im Winter 1988 geschah im hohen Norden eine wunderbare Geschichte: Drei Grauwale waren im Eis Alaskas gefangen und konnten nur noch mühsam durch ein Eisloch atmen. Es war klar, daß auch dieses letzte Eisloch mit Sicherheit bald zufrieren würde, und das würde den Tod der drei Wale bedeuten. Es waren Eskimos – Menschen, die noch immer Wale fangen und essen –, die Alarm schlugen. Und dann passierten Dinge, die man bisher noch nie erlebt hatte: Umweltschützer aus aller Welt, sowjetische Eisbrecher, amerikanische Hubschrauber und Eskimos bemühten sich tagelang gemeinsam, diese Tiere zu retten. Das Unternehmen kostete Millionen, und das Leben von nur zwei Walen wurde gerettet. Der dritte Wal starb. Etwas völlig Neues war geschehen: Noch vor wenigen Jahren waren wir hier verhaftet worden, weil wir die Wale retten wollten, und jetzt kämpften alle zusammen um das Leben der gleichen Tiere. „Moby Dick“, der Wal, hatte Menschen noch vor kurzem verfeindeter Länder im Eis Alaskas zusammengebracht.
Schon im Jahr 1985 retteten Eisbrecher der ehemaligen Sowjetunion Tausende von Belugawalen vor dem sicheren Tod. Eine breite Eisbarriere hatte die Tiere in einer vereisten Bucht in Sibirien eingesperrt, und nur durch Hilfe der Menschen konnten sie befreit werden.

Die „lächelnden“ Belugawale werden gern in Ozeanarien gehalten

Störenfriede

Amerikanische „Wissenschaftler“ markieren Wale für die Marine

Man will uns dringend loswerden! Unser verbranntes Zelt

Ende Februar beginnen die ersten Wale allmählich wieder nach Norden zu wandern, und wir machen uns mit dem Gedanken vertraut, unser Zelt abzubrechen. Doch den Abschied schieben wir immer wieder hinaus, wir können uns von unseren Walen nicht so leicht trennen. Doch dann wird uns die Entscheidung zur Abreise abgenommen.
Eines Morgens entdecken wir, daß in einer versteckten Bucht der Lagune amerikanische Wissenschaftler seltsame Versuche mit den geduldigen Grauwalen anstellen. Mit kleinen Sprengladungen wird ihnen vom Schlauchboot aus ein napfkuchengroßer Sender in den Walspeck geschossen. Die Dicken scheinen das noch nicht einmal zu merken. Am Ufer sind Zelte mit uns unbekannten Geräten aufgebaut, und dicke Kabel verschwinden im Wasser der Bucht. Auf unsere Fragen, was denn hier vorgehe, erhalten wir eine knappe Antwort: „Militärgeheimnis!“
Daß das Militär schon immer Interesse für Wale und Delphine gezeigt hat, wissen wir, und auch warum: Die Mitglieder der Familie Wal können ja etwas, was Menschen noch immer schwerfällt. Sie sehen mit ihrem Sonar unter Wasser perfekt und nehmen sogar die dünnsten Drähte wahr. Dazu wären manche Admirale gern auch mit ihren U-Booten fähig, und so versuchen sie, gefangenen Delphinen ihr Geheimnis abzulauschen. Da das aber bislang noch nicht so recht klappte, werden nun die Delphine und Wale abgerichtet. Die Tiere sollen Bomben, Torpedos und Minen zu feindlichen Schiffen und U-Booten tragen und sie dort ankleben. Und wenn es sein muß, eben auch mit der Bombe in die Luft gehen.
Als wir die amerikanischen Geräte fotografieren wollen, werden wir daran gehindert. Am nächsten Abend finden wir nach unserer Rückkehr zum Lagerplatz nur noch eine rauchende Feuerstelle vor. Das Zelt ist platt getreten und teilweise verbrannt. Auch meine Unterwasserkamera und der Schlafsack sind verkohlt.
Nachdem wir einige Nächte unter den stinkenden Resten des verbrannten Zeltes ohne Schlafsack gefroren haben, geben wir auf. Und so haben wir nie erfahren, welches Militärexperiment die Amerikaner mit den Walen durchgeführt haben.
Die Zeit mit unseren Freunden, den Grauwalen, endete sehr unschön, und doch werden wir sie nie vergessen. Und schon ein Jahr später war ich wieder unterwegs – diesmal zu den Delphinen in der Karibik.

FEHLALARM

Etwas jedoch ist dem Militär zu „verdanken“: die Entdeckung der Walgesänge und der vielen Töne, die Delphine erzeugen. Während des 2. Weltkriegs gab es im U-Boot-Krieg ständig Fehlalarm durch Geräusche, die wie feindliche U-Boote klangen. Die amerikanische Marine bezahlte viel Geld für die Erforschung dieser merkwürdigen Töne. So wurde zum Erstaunen aller die Sprache der Wale und Delphine entdeckt.

Der Pottwal – ein Meistertaucher

Zahnwale haben erstaunlich viele Zähne. Beim Pottwal sind es um die 40. Zum Kauen eignen sich die stumpfen Kegelzähne allerdings nicht so recht, und so schluckt auch „Moby Dick“, der Held aus Melvilles gleichnamigem Roman, seine Nahrung ganz unfein, ohne zu kauen, hinunter. Die Hauptarbeit der Verdauung übernehmen dann bis zu neun Mägen.

Der Pottwal liebt Riesentintenfische! Daß er auf seinen Ausflügen in die dunkle Welt der Tiefsee in über 1 000 Meter Tiefe bei Dunkelheit und in eiskaltem Wasser riskante Kämpfe mit den Riesenkraken *Architheutis* bestehen muß, ist daher kein Märchen. Der größte Krake, den man vermessen konnte, war 19,5 Meter lang. Doch in den Mägen der Pottwale hat man schon Augen von Riesentintenfischen gefunden, die so groß waren wie ein Kuchenblech. Gesehen hat diese Ungeheuer noch niemand. Doch rechnet man den Augendurchmesser auf die Körpergröße um, ergibt sich ein Tier mit weit über 20 Meter Länge!

Ein Pottwal kann also einfach mal auf 1 000 Meter Tiefe abtauchen und sich einen leckeren Tintenfisch holen. Das kann eine ganze Stunde dauern, und wenn er dann wieder an die Wasseroberfläche kommt, ist der Meistertaucher unter den Walen kein bißchen außer Atem. Er verschnauft 10 Minuten und geht dann wieder auf Tauchstation. Der längste gemessene Tauchgang dauerte 2 Stunden und 18 Minuten. Die größte Tauchtiefe liegt bei 3 000 Metern!

Die „Rekordliste“ der Tiefseetaucher unter den Walen und Delphinen

Woher das lebende U-Boot die Sauerstoffmengen holt, die er während seines Kampfes mit dem Riesenkraken in der Tiefsee braucht, weiß man nur zum Teil. Fest steht jedoch, daß beim Tiefseetauchen alle sauerstoffverbrauchenden Organe, die zum Tauchen nicht unbedingt erforderlich sind, abgeschaltet werden oder auf Sparflamme weiterarbeiten. Die Muskeln werden dann aus einer eigenen Sauerstoffreserve ohne Blutzufuhr versorgt, das Blut fließt langsamer, und einige Organe verkraften den Sauerstoffmangel für eine Zeit ganz gut. Die Taucherkrankheit und die Druckkrankheit macht Menschen beim Tauchen sehr zu schaffen, weil beim zu schnellen Auftauchen Gasblasen im Blut wie in einer Selterswasserflasche aufsteigen und Blutgefäße verstopfen. Das kann tödlich enden. Der Pottwal kennt diese Probleme nicht.

Die Form dieses Tankers ist bei den Walen und Delphinen „gestohlen" worden

Alter Stich eines Pottwals. Im Vordergrund ein Schwertwal mit falscher Rückenflosse

WULSTBUG
Bei so viel Perfektion ist es kein Wunder, daß die menschliche Technik inzwischen allerhand bei Walen und Delphinen abgekupfert hat: Die Form von U-Booten ist ebenso wie der geschwungene, birnenförmige Bug moderner, hochseetüchtiger Schiffe eine Nachahmung des Körpers der Pottwale und Delphine.

Walrat und Ambra

Die alten Walfänger wußten das Spermöl oder auch Spermaceti, ein besonderes Öl, das sich in dem kastenförmigen Kopf des Pottwals befindet, zu schätzen. Dieser merkwürdige Vorbau am Kopf des Pottwals ist es auch, der noch heute den Wissenschaftlern Kopfzerbrechen macht. Sie wissen nicht so recht, wozu der Wal so ein riesiges „Ölfaß" von 6 x 1,5 Metern auf seinem Kopf herumschleppt. Die 1,5 Tonnen Spermöl darin könnten als Verstärker der Lauterzeugung dienen oder auch ein Vorratsbehälter für schlechte Zeiten sein wie die Höcker bei Kamelen. Mir jedoch erscheint eine modernere Theorie glaubhaft, nach der dieser ölgefüllte Vorbau auf der Stirn ein sehr vielseitiges Organ ist, das neben den bereits aufgezählten Funktionen auch als eine Art Tiefenregler dient, wie bei einem U-Boot, und dem Wal ein müheloses Tauchen ermöglicht. Der Walrat, wie das Spermöl auch genannt wird, verändert nämlich mit wechselnder Temperatur und wechselndem Wasserdruck seine Eigenschaft: Es wird hart oder weich,

DER POTTWAL „MOBY DICK"
ist unverwechselbar.
Man erkennt ihn am Fehlen seiner Rückenfinne und an seinem kastenförmigen Kopf. Weibchen sind um 13 Meter lang und 16 Tonnen schwer, Männchen bis 18,5 Meter lang und 32 bis 45 Tonnen schwer.

SPERMÖL ODER WALRAT
Der Pottwal hat in seinem kastenförmigen Vorbau im Kopf reichlich Öl angesammelt. Die 1,5 Tonnen Spermaceti waren früher heiß begehrt. Das Öl ist nämlich von besonderer Qualität und wurde als Rohstoff zur Gewinnung von Fettsäuren in der chemischen Industrie, als Brennstoff für Lampen, als Kühlöl beim Sägen und für Kerzen verarbeitet und dem Maschinenöl zugesetzt. Walrat ist eigentlich ein geschmackloses Wachs, das sich bei über 38 Grad verflüssigt.

DER SANFTE TOD
Manche Wissenschaftler glauben, bei den Walen eine ganz besondere Art der Jagd entdeckt zu haben: Der Pottwal, so meinen sie, kann die über 20 Meter langen Kraken in der dunklen Tiefsee nur fangen, weil er sie mit einem Schallknall, wie mit einem Schuß, außer Gefecht setzt. Möglich macht das nach einer Theorie des russischen Biologen V.A. Kozak der mit Walrat gefüllte Kopfvorbau.
Die Meeresbiologin Joy Hampp hat so etwas auch bei Delphinen beobachtet, die Fisch jagten: „Plötzlich ertönte ein Knall wie ein Gewehrschuß, und der Fisch trieb leblos im Wasser."

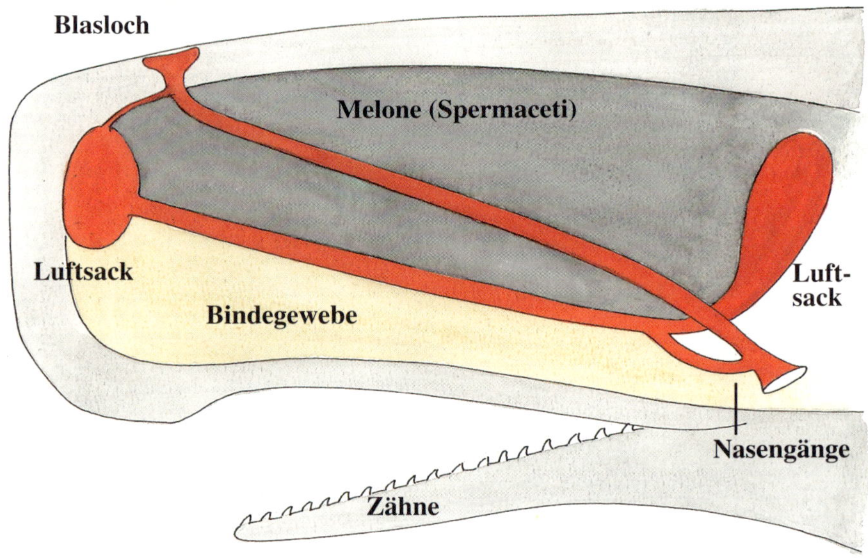

Das Spermaceti-Organ der Pottwale dient offensichtlich dem mühelosen Tauchen und der Schallerzeugung

verändert damit sein Volumen und spezifisches Gewicht und wird damit schwerer oder leichter. Es ist so, als würde der Pottwal beim Tauchen seine Ballastkammern fluten oder leeren, so wie ein U-Boot.
Der Pottwal verfügt noch über einen anderen sehr begehrten Stoff, der so teuer ist, daß er mit Gold aufgewogen wird. Dieser Stoff heißt „Ambra" und wird im Magen des Wales ausgeschieden. Dieses gelbliche Fett ist ein wichtiger Grundstoff für die Parfümindustrie.
Doch des Walrats und der Ambra wegen bräuchte man Pottwale heutzutage nicht mehr umzubringen. Kerzen, Lippenstifte, Seifen, Hochleitungsschmieröle und Parfüms können inzwischen auch aus anderen Stoffen gewonnen werden. Es gibt da nämlich eine Art Wunderpflanze, die Jojobapflanze, die in wüstenhaften Gebieten wächst. Das Öl aus der Jojobanuß hat gleiche Eigenschaften wie Walrat und wird zum Glück in zunehmendem Maße als vollwertiger Ersatz verwendet. Jojobabüsche können also Pottwale retten. In Australien gibt es schon große Plantagen davon.

Eine Jojobapflanze und ihre Nüsse

Fürsorgliche Riesen

Pottwale schützen verletzte Familienangehörige und Jungtiere durch die „Margeritenformation“

Wale sind hilfsbereite Tiere. Sie sind gern in Gruppen zusammen und passen aufeinander auf. Pottwale zum Beispiel bilden Familien, in denen die Walkinder und die Halbwüchsigen zusammen mit den Müttern und den anderen Weibchen, den „Tanten“, leben. Die Männchen machen sich inzwischen auf den Weg in die kalten Gewässer der Antarktis. Droht Gefahr, werden die Jungtiere oder ein verletztes Tier innerhalb einer „Margeritenformation“ geschützt, das heißt, die anderen Wale umkreisen strahlenförmig, wie die Blütenblätter einer Margerite, das verletzte Tier. Der Kopf der Beschützer ist dem verletzten Tier zugewandt, die Fluke zeigt nach außen. So können sie einem Angreifer mit der Fluke eins draufgeben und ihn abwehren.

Verletzte Tiere werden von den anderen zum Atmen an die Oberfläche getragen, wobei oftmals an einer solchen Rettungsaktion bis zu drei Tiere gleichzeitig beteiligt sind. Und es kann mehrere Tage dauern, bis ein verletzter Wal sich erholt hat oder auch stirbt, doch seine Retter harren so lange bei ihm aus.

Diese Hilfsbereitschaft wurde vielen Pottwalen zum Verhängnis, weil der Wille zum Helfen stärker ausgeprägt ist als der Selbsterhaltungs- und Fluchttrieb. Walfänger haben dieses Verhalten brutal ausgenutzt und alle Wale abgeschossen, die bei einem verletzten Tier blieben.

Die treulosen Walmännchen

Pottwalbullen suchen sich für einige Tage im Jahr eine Herde mit Walmüttern und anderen Weibchen aus, um sich zu vermehren. Um diese Herde führen sie mit anderen Walbullen, die auch an den Damen interessiert sind, oft schwere Kämpfe aus. Der Sieger, der „Haremsmeister“ auf Zeit, hält dann Hochzeit, bevor er nach ein paar Tagen weiter zur nächsten Herde wandert. Von Treue halten die Pottwale also nichts. Auch andere Walmännchen sind oft sehr kampflustig, wenn es um die Weibchen geht: Schwertwale rammen und beißen sich gegenseitig um die Rangordnung in der Gruppe ebenso wie die Delphinmännchen, die untereinander öfter einmal klarstellen, wer der Stärkere ist. Auch Grauwalmänner kämpfen zuweilen um die Gunst der Damen.

Außer bei den *Schwertwalen* halten die Männer der Walfamilie nicht viel von Vaterpflichten und überlassen die Kindererziehung den Müttern und den Tanten.

Delphine kennen überhaupt keine Treue. Sie wechseln ihre Partner täglich. Bei ihnen verändern sich selbst die Großfamilien und Gruppen ständig. Delphine freunden sich auch mit anderen Tieren ihrer Art an. Sogar Freundschaften zwischen Delphinen und Großwalen hat es schon gegeben.

Zwischen den Müttern und ihren Kälbern dagegen besteht bei allen Walen und Delphinen eine sehr starke Bindung. Es ist faszinierend zu beobachten, wie gut zum Beispiel eine Buckelwalmutter auf ihr Kind aufpaßt. Die Kleinen schwimmen ganz dicht bei der Mutter und legen sich oft auf ihren breiten Rücken. Und die Tanten passen mit auf und helfen, wo sie können.

ZWERGE UND RIESEN
Der kleinste Delphin ist der La-Plata-Delphin, der im gleichnamigen Fluß in Südamerika lebt. Er wird nur 1,4 m lang und hat 240 Zähne. Der Ganges-Delphin ist fast blind und orientiert sich wie alle Delphine vorwiegend mit dem Gehör. Der größte Delphin ist mit gut 4 Meter Länge der Rundkopfdelphin.

Wenn Delphine bestimmte Töne produzieren, gibt es Luftblasen

Delphine – die kleinen Wale

Delphine sind Zahnwale. Sie haben Zähne im Ober- und Unterkiefer und leben vor allem von Fischen, Tintenfischen und Muscheln. „Flipper", der Kino- und Fernsehdelphin, ist einer dieser verspielten kleinen Wale, ein *Tümmler.* Typisch für ihn ist die gewölbte Stirn oder „Melone", die ihm das Aussehen eines intelligenten, lächelnden Clowns verleiht.

Delphine sind ausgesprochene Familientiere, die in Großfamilien, sogenannten Schulen leben. Sie sind außerordentlich „gesprächig" – in einer Delphinschule herrscht immer viel Geschnatter.

Delphine gibt es in allen Meeren der Welt, so kalt und so warm sie auch sein mögen. Nur in den Meeren unmittelbar um die Pole wird es ihnen offensichtlich zu kalt. Auch in vielen Flüssen kommen Delphine vor. Der seltenste ist der *Baiji*, der Chinesische Flußdelphin, von dem es nur noch 300 Stück gibt.

Einer der eigenartigsten Delphine ist der *Narwal*. Sein Oberkiefer trägt ein langes, gewundenes Horn, manchmal auch zwei davon. Die Eskimos, die noch immer diese Tiere jagen, sagen, daß der Narwal mit dem Horn seine Feinde aufspießt. Im Mittelalter wurden für das rechtsgedrehte Horn wahnsinnig hohe Preise bezahlt, weil man glaubte, es handle sich um das Horn des sagenumwobenen Einhorns. Zusammen mit dem Belugawal ordnen die Biologen den Narwal in eine besondere Familie ein.

Auch der *Orca* oder *Schwertwal* (s. S. 56) ist ein Delphin, ein großer allerdings. Meist wird er von den Forschern zusammen mit den Grindwalen in eine extra Unterfamilie gesteckt.

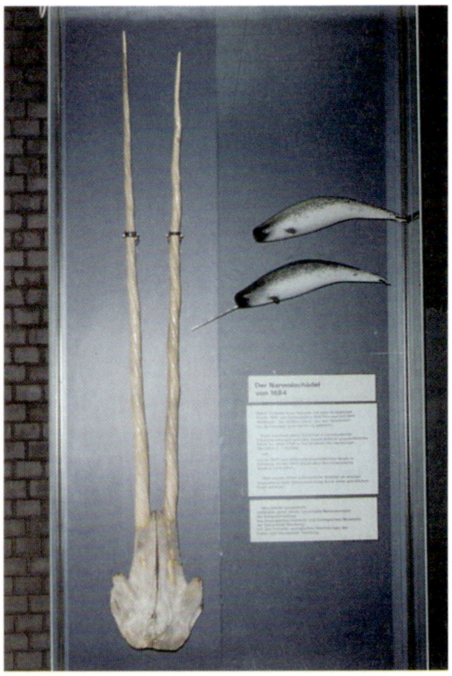

Eine große Seltenheit aus dem Zoologischen Museum Hamburg – ein doppelter Narwalzahn

Eine charmante Abgesandte

Die Delphine fordern mich mit Tangknäueln zum Ballspiel auf

Sie schmiegt sich an meine Seite. Nur eine Handbreit trennt uns noch. Ich kann deutlich ihre dunkelbraunen Augen sehen. Sie nickt mir zu und zirpt eine Botschaft herüber. Wir sind allein im warmen, aquamarinblauen Meer. Doch nicht lange, denn bald löst sich ein Dutzend eleganter Gestalten aus dem transparenten Blau: Sie war nur die Abgesandte einer großen Familie von Delphinen. Einige von ihnen bringen mit den Flossen Tangbündel heran und fordern mich damit zu einer Art Unterwasserballspiel heraus.

Das Walfieber hatte mich nicht mehr losgelassen, und schon ein Jahr nach unserem Grauwalabenteuer in Mexiko bin ich in der Karibik, um Delphine zu treffen. Wilde Delphine! Schon oft hatte ich die Tiere auf meinen vielen Seereisen beobachtet, wenn sie im Bugwasser unseres Forschungsschiffes spielten. Ich konnte mich nicht satt sehen an ihren eleganten Sprüngen.

„Delphine! Dort sind sie!"
Delphinwache auf dem Segelboot

Quiz

11. FRAGE

Sind Delphine auch Wale?

Zutrauliche Delphine

Mel Fischer, ein Schatztaucher, hatte vor einigen Jahren in den flachen Gewässern der Bahamabank das Wrack eines Goldschiffes gefunden. Das Gold und die anderen Wertgegenstände waren nicht so leicht zu bergen gewesen, und so tauchten Mel und seine Leute zwei Jahre lang an diesem Wrack. Die Fleckendelphine, die in dieser Gegend lebten, waren neugierige Gesellen, und sie gewöhnten sich an, die Taucher während der Arbeit zu besuchen. So entwickelte sich ganz behutsam eine Art Freundschaft zwischen Mensch und Delphin. Als das erfolgreiche Unternehmen vorbei war, zogen die Taucher ab. Die Delphine jedoch vermißten die Menschen und schlossen nun Freundschaft mit anderen Tauchern und Schnorchlern, die sich in der Gegend blicken ließen.

Das sprach sich allmählich sowohl bei den Delphinen als auch bei den Wassersportlern herum, und heute kommen schon einige hundert *friendly dolphins*, also zutrauliche Delphine, zu den Menschen, um mit ihnen zu schwimmen und zu spielen.

Übrigens gehören die netten Delphine der Bahamas zu zwei Arten: Meistens handelt es sich um die Atlantischen Fleckendelphine, neuerdings gesellen sich gelegentlich auch schon Große Tümmler dazu.

YOCA, DIE WÄHLERISCHE DELPHINDAME
Wilde Delphine sind sehr eigensinnig und tun nur, wonach ihnen der Sinn steht, wie am Beispiel von Yoca zu sehen ist. Die Delphindame, die sich oft in der Nähe von Kotor in Montenegro aufhält, sollte von den Fischern erschossen werden. Die Kinder des Ortes setzten sich jedoch für ihr Leben ein, und so wurde Yoca, ihre geliebte Spielgefährtin, gerettet. Yoca nun lockt listig diejenigen Kinder, die sie nicht leiden kann, aus ihrer Badebucht heraus und kehrt dann schnell zu ihren Freunden zurück. Auch hilft sie schon einmal mit einem Nasenstüber nach, wenn sie jemanden überhaupt nicht ausstehen kann.

Yoca spielt mit Kindern im Hafenbecken

Zauber der Delphine

Sie stecken uns richtig an mit ihrer guten Laune, die Fleckendelphine. Zwei Wochen verbringen wir schon auf dem Schoner Jennifer Marie, *dem schönen Segelschiff, das im Auftrag der amerikanischen Umweltschutzgruppe* Oceanic Society *arbeitet. Zwei Wissenschaftlerinnen machen an Bord Delphinforschung, und damit das ganze Programm auch finanziert werden kann, werden zahlende Touristen mitgenommen.*

ATLANTISCHER FLECKENDELPHIN
Seine typischen weißen Flecken bekommt dieser Delphin erst, wenn er erwachsen ist. Jüngere Delphine sehen eher einfarbig grau aus. Diese Art lebt im tropischen Atlantik und in der Karibik. Die „Spottys“ werden bis 2,4 Meter lang und leben gern in Gruppen von 20 bis 50, manchmal bis zu mehreren 100 Tieren. Nahrung: Fische.

GROSSER TÜMMLER oder FLASCHENNASENDELPHIN
Das sind die Delphine, die uns aus Filmen und aus Freizeitparks bekannt sind. Die Tiere sind am Rücken grau und am Bauch hell gefärbt. Sie werden bis zu 4 Meter lang. Große Tümmler fressen Fische, Krabben, Tintenfische und leben in allen gemäßigten Breiten der Weltmeere.

„Faßt nie einen Delphin an!“ hatte uns Roberta Dean am Anfang eingeschärft. „Wenn ein Delphin euch mag und Lust dazu hat, wird er euch selbst berühren. Delphine lieben die Freiheit und können sehr böse werden, wenn man sie gegen ihren Willen anfaßt.“
Meine Freundin Angela schreibt am Abend in ihr Tagebuch: „Als ich den Kopf unter Wasser steckte, waren die Delphine noch ein ganzes Ende weg. Ich hab mir ganz, ganz kräftig gewünscht, daß sie auch zu mir kommen sollen. Dann waren sie plötzlich da! Drei Flipper! Sie haben mich angesehen, und ich hatte ganz eindeutig das Gefühl, daß sie neugierig waren auf uns Menschen. Und das Zirpsen, das sie von sich gegeben haben, klang sehr freundlich. Ich redete die ganze Zeit mit ihnen, so gut es eben ging durch den Schnorchel. Und ich hatte plötzlich das Gefühl, einen

kleinen Blick ins Paradies getan zu haben. Man kriegt gar nicht genug davon und möchte immer weiter mit ihnen schwimmen, weg von den Menschen. Vielleicht für immer."
Sie beschreibt etwas, was bisher viele Menschen fühlten, die mit wilden Delphinen in Kontakt kamen: Der Umgang mit diesen Tieren macht ganz weich und friedlich. Wir alle spüren es auf der Jennifer Marie. *Der Sozialarbeiter Gerard aus den USA, der mit an Bord ist, sagt nach der dritten Begegnung mit den Delphinen: „Das war wie ein langer, schöner Traum."*

Was passiert mit uns, wenn wir Kontakt mit Gorbatschow, dem Delphin mit dem weißen Stirnfleck, oder TS, der großen, zutraulichen Dame, haben? Wir wissen es nicht. Tränen sind auf dieser Reise üblich. Es sind merkwürdige Tränen. Vielleicht sind es Tränen des Glücks, hervorgerufen durch ein Gefühl aus einer uns unbekannten Welt, die wir nicht verstehen.
Kamalah Hope Campbell, Direktorin des internationalen Walzentrums für Forschung und Erziehung sieht in Delphinen „Friedensboten" und hält sie der Telepathie, der Gedankenübertragung, für fähig.

DIE SCHLAUMEIER
Delphine haben ein Gehirn, das unserem sehr ähnlich und das fast genauso schwer und kompliziert gefaltet ist. Delphine können damit sicher ähnliche Leistungen vollbringen, wie wir. Theoretisch könnten sie Matheaufgaben lösen, philosophische Therorien aufstellen oder wie wir Pläne zum Töten von Mensch und Tieren schmieden – all die Dinge, die wir bisher „geleistet" haben. Aber sie denken überhaupt nicht daran! Statt dessen verwenden sie viel Energie darauf, sich witzige Spiele und dumme Streiche auszudenken.

Gegenseitiges Begutachten

Macho, der Herr im Meer

Dem Delphinmann Macho, den ich eines Tages kennenlerne, zeige ich, wie gut ich schon auf Delphinart schwimmen und wie schön ich Delphine auch mit meiner Stimme nachmachen kann. Er findet meine Angeberei überhaupt nicht lustig und beweist mir, wer hier Herr im Meer ist.

Ich war gerade elegant auf Delphinart und piepsend zu ihm abgetaucht, da kommt er angesaust, hält mich mit seinen kräftigen Vorderflossen wie mit Händen unter Wasser fest. Ich reagiere mit Panik. Verzweifelt strample ich mit den Beinen. LUFT! LUFT! Ich habe Todesangst. Plötzlich gibt mir Macho einen Stoß nach oben, schubst mich noch mit dem Kopf durch die Wasseroberfläche. Ich sauge mit tiefen Zügen wieder Luft in meine ausgehungerten Lungen. Dann spielen wir noch ein wenig miteinander und tun so, als wäre nie etwas geschehen.

Doch ich habe meine Lektion gelernt: Auch Delphine sind keine freundlichen Kuscheltiere, die sich alles gefallen lassen. Macho muß meine Bewegungen und meine Töne falsch verstanden haben. Vielleicht fühlte er sich durch mich bedroht und wollte mir zeigen, wer hier der Stärkere sein würde, wenn er nur wollte. Noch sind Menschen und Delphine weit davon entfernt, sich zu verständigen. Zu unterschiedlich sind unsere und ihre körperliche und akustische Sprache.

Eine weitere wichtige Erfahrung: Ich lerne, Delphine als Persönlichkeiten zu achten, und begreife, daß man respektvoll mit ihnen umgehen muß. Sie sind im Meer so viel stärker als wir, und es wäre ein leichtes für Macho gewesen, mich mit einem kräftigen Rammstoß seines Kopfes in die ewigen Jagdgründe zu befördern.

Quiz

12. FRAGE

Was machen wir, wenn...
... ein Delphin auf uns zuschwimmt?
... zwei Delphine neben uns schwimmen und freundlich pfeifen?
... wir beim Baden plötzlich in eine ganze Herde Delphine geraten?

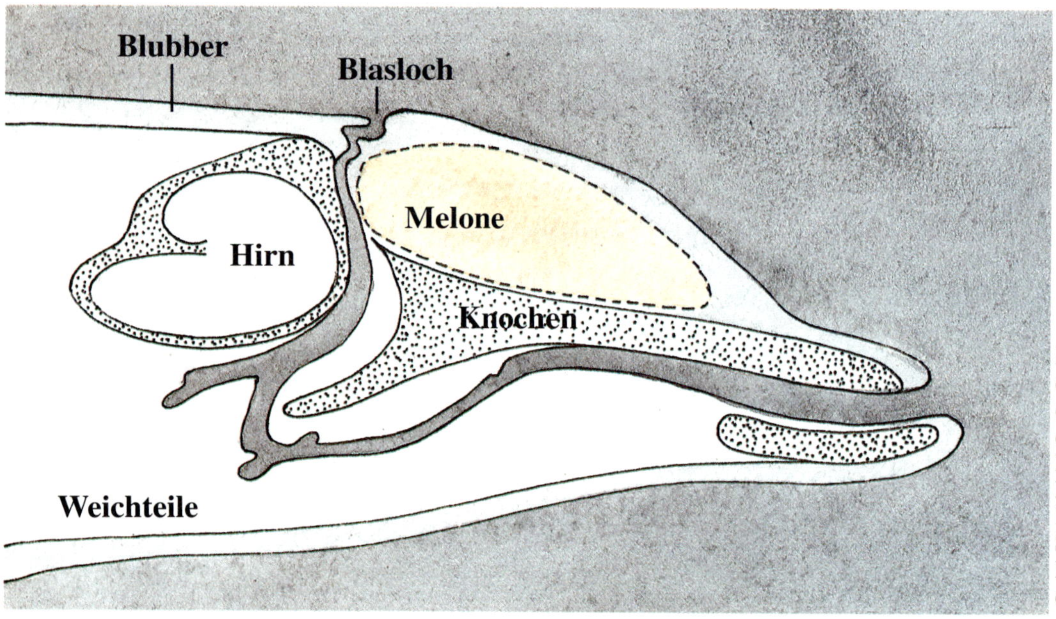

Delphine haben ein Gehirn, daß in seinem Volumen und der Anzahl der Gehirnfalten durchaus mit dem des Menschen konkurrieren kann. Die „Melone“ und die Kieferknochen dienen der Schallerzeugung und zur Erzeugung der Echosignale mit dem „Sonar“

„Unterhaltung" mit einem Großen Tümmler

Die Sprache der Delphine

Der amerikanische Nerven- und Hirnspezialist und Delphinforscher John Lilly war schon 1960 davon überzeugt, in „20 Jahren mit den Delphinen reden" zu können. Die 20 Jahre sind inzwischen längst um, und noch immer herrscht Unverständnis zwischen Mensch und Delphin. Daran konnte auch modernste Computertechnik nichts ändern. Noch immer verstehen wir nicht, was uns die Delphine sagen.

Aber unterhalten tun sie sich jedenfalls gern. Steckte ich den Kopf unter Wasser, hörte ich eine Geräuschkulisse wie auf einer Kirmes: Pfiffe, Schreie, Geschnatter, an- und abschwellende Knattergeräusche, eine Vielzahl von Lauten, Tönen und Geräuschen, die wie ein Unterwassermotorrad klangen.

Wie oft bin ich erstarrt, wenn ich eindeutig Worte hörte. Delphine sind nicht nur lustige Clowns, sie sind auch so etwas wie Unterwasserpapageien. Sie kopieren ganze Wörter, Dampfertuten und menschliches Lachen. Vielleicht ist das, was die Familie Wal „spricht", so etwas wie eine digitale Sprache, die wesentlich schneller Informationen mitteilen kann und auf eine Art mit den chinesischen Schriftzeichen vergleichbar ist, die ja auch viel mehr mitteilen als unsere Buchstaben. Möglicherweise schafft es eines Tages ein sehr intelligenter Computer, die Sprache zu entschlüsseln.

BILDERSPRACHE
Der Amerikaner Carl Sagan glaubt, daß Delphine mit „Sonarbildern" sprechen. Nach seiner Theorie übermittelt ein Delphin beim Erzählen statt eines Wortes wie zum Beispiel „Mensch" eine Kopie des Sonarbildes von diesem plumpen Wesen, das wir mit dem Wort „Mensch" bezeichnen.

FERNGESPRÄCHE
Die Familienmitglieder von Wal und Co. können sich über gewaltige Entfernungen bis zu mehreren 100 Kilometern unter Wasser unterhalten. Dazu benutzen sie eine Schwingung, in deren Bereich auch die Geräusche von Schiffsmotoren liegen. Da der Mensch heute im Meer mit seinen unzähligen Schiffen, U- und Motorbooten so viel Lärm macht, können Wale keine „Ferngespräche" mehr führen. Es ist zu laut geworden in der „Welt des Schweigens". Meeresforscher sprechen schon von einer „akustischen Meeresverschmutzung".

Schwertwale jagen im antarktischen Eis

Der Schwertwal oder auch Mörderwal

Beim Spiel mit den freundlichen Delphinen im blauen Wasser der Karibik taucht unwillkürlich der Gedanke an die großen Mörderwale auf. Was würde geschehen, wenn man hier einem solchen Riesen begegnete?

Mörderwale oder Killerwale werden heute meist Orca-Wale, Schwertwale oder Raubwale genannt, denn die Namen Mörderwal oder Killerwal sind purer Unsinn. Kein Tier der Welt ist ein Mörder. Jedes gesunde Tier tötet nur dann, wenn es Hunger hat, Vorräte für schlechte Zeiten anlegt oder seine Jungen füttern muß. Es wäre Selbstmord, mehr Tiere zu töten als nötig. Der Hai hätte bald nichts mehr zu fressen, wenn er alle Fische in seiner Umgebung nur so aus Mordlust ausrottete. Und so ist auch der „Mörderwal" ein vergleichsweise friedliches Tier, das Robben, Pinguine, Fische und Tintenfische fängt, wenn es Hunger hat. Aber wenn es tötet, tut es das schnell und perfekt.

Schwertwale sind Zahnwale. Die prachtvollen Burschen bringen es immerhin auf 7 Meter Länge und 6 Tonnen Gewicht. Man nimmt an, daß die schwarzweiß gezeichneten Kraftpakete zu den intelligentesten Tieren überhaupt gehören. Sie leben in größeren Familien mit bis zu zwölf Frauen und Kindern, aber manchmal tun sich auch mehrere Familien zusammen. Ein Schwertwalclan hält sich an strenge Regeln, und der „Chef" ist immer ein besonders starker Bulle.

Auch für Menschen ist der Leitbulle unschwer an seiner riesigen Rückenflosse zu erkennen, die deutlich aus dem Wasser herausragt, wenn die Familie dicht unter der Wasseroberfläche schwimmt. Der Name Schwertwal wurde von dieser schwertförmigen Rückenfinne abgeleitet, die weit übers Meer signalisiert: „Aufgepaßt! Hier ist eines der stärksten Tiere der Welt!"

FRAUENREGIMENT
In der Herde von Schwertwalen sind die alten Weibchen die wirklichen Chefs. Die Großmütter haben immer das letzte Wort.

Gefahr naht!

In der Antarktis sind Schwertwale oft zu beobachten, wie sie vor dem Strand, auf dem sich Pinguinkolonien oder Robbenkinderstuben befinden, auf und ab schwimmen. Unter den Pinguinen und den Robben herrscht dann heillose Aufregung. Wenn sie die spitzen Rückenflossen sehen, wissen sie, was ihnen im Wasser droht.

Selbst am Ufer sind sie nicht sicher: Manchmal springen die großen Schwertwalbullen mit Anlauf an Land und rutschen dann mehrere Meter weit den Strand hinauf. Schon manche Robbe hat ihre Faulheit mit dem Leben bezahlt. Hätte sie sich ein paar Meter weiter den Strand hinaufbewegt, dann hätte der Schwertwal keine Chance gehabt.

Quiz

13. FRAGE

Heißt der Schwertwal auch Mörderwal, weil er ein bösartiger Mörder ist?

Schwertwale verfolgen Pinguine bis auf den Strand hinauf

Die große Rückenfinne, die dem Schwertwal den Namen gab, ist weit über das Meer zu sehen

Gefährliche Begegnungen

Noch vor wenigen Monaten wurde ich im Lemaire-Kanal in der Antarktis Zeuge einer recht blutigen Angelegenheit: Eine Schwertwalfamilie zerriß einen gut 9 Meter langen Zwergwal. Das Meer war rot vom Blut, und die Raubwale rissen Stück für Stück aus ihrem noch lebenden Opfer heraus. Es dauerte sicher eine halbe Stunde, bis der arme Zwergwal tot und von den hungrigen Angreifern aufgefressen worden war. Andere Tiere werden nun lange Zeit ihre Ruhe haben, weil die Nahrung in den Bäuchen der Schwertwale viele Tage lang reicht. Und ich hatte wieder einmal meinen Unterricht in Sachen Natur bekommen.

Kaum eine Walart hat mich so beschäftigt wie diese Burschen, die Schwertwale. Es ist schon merkwürdig mit diesen Viechern! Einmal begegnete ich beim Tauchen vor Nordwestafrika einem Einzelgänger. Beide erstarrten wir – ich vor Entsetzen, der Wal, weil er ein Wesen sah, das er nicht kannte. Aus dem Rücken dieses Wesens stiegen Luftblasen auf, und das Sonar des Schwertwals zeigte an, daß sich dort ein merkwürdiges Gebilde aus diesem harten Material befand, aus dem auch die Schiffe der Menschen waren – mein Tauchgerät aus Stahl. Sein Instinkt sagte ihm, daß man von Tauchern die Finger oder besser die Zähne läßt, denn die kann man sich daran sicher ausbeißen.

So erklärte ich mir lange Zeit die Tatsache, daß ich diese Begegnung überlebt hatte, bis mir der Unterwasserfilmer Rolf Möltgen von seinen Erfahrungen berichtete. Auch er war mit Schwertwalen getaucht, vor der Westküste Kanadas, wo diese Burschen besonders häufig sind, ohne Preßluftgerät und Stahlflaschen, nur mit Tauchanzug, Schnorchel und seiner Kamera. Er

lebt noch und ist begeisterter Schwertwalfan geworden. Vielleicht hat ihn die große Unterwasserkamera aus Metall gerettet. Oder tun Schwertwale Menschen wirklich nichts? Nur einmal hatte er Angst, erzählte er. Eine Gruppe Schwertwale war an ihm vorbeigeschwommen, als er sich in ein Dickicht aus Unterwasserpflanzen verkrochen hatte. Plötzlich machte ein junger Schwertwalbulle kehrt, schoß auf ihn zu und zeigte ihm die Zähne. Dann zog er weiter, als sei nichts geschehen. Dieser Schwertwal hatte Rolf gezeigt, wer Herr im Meer ist. Wie damals Macho, der Delphin von den Bahamas.

DER VERRÄTER

Old Tom wurde über 60 Jahre alt. Der Schwertwalbulle war ein Freund der Menschen und ein Feind seiner nächsten Verwandten, der Bartenwale. Zwischen 1866 und 1930 pflegten er und seine Schule vor der australischen Twofold-Bay in Neusüdwales alle Wale, die hier vorbeikamen, an die Walfänger zu verraten. Die Schwertwale peitschten dann mit den Schwänzen auf das Wasser und machten tolle Sprünge, bis die Walfänger auf sie aufmerksam wurden. Old Tom und die Seinen hielten die Wale so lange fest, bis die Walfänger sie harpuniert hatten. Als Lohn durften die Räuber die Zungen der Opfer fressen.

Schwertwalschädel

14. FRAGE

Wie alt werden Schwertwalmännchen?

- 30 Jahre
- 80 Jahre
- 50 Jahre

Schwertwale jagen wie die Wölfe im Rudel, hier einen Zwergwal. Ein Schwertwal hält ihm das Atemloch zu, die anderen beißen ihn in die Flossen und hindern ihn am Wegschwimmen

Das Ozeanarium – ein Gefängnis

Verhaltensforscher haben herausgefunden, daß ein Delphin zum normalen Leben die Fläche einer Großstadt braucht, und wenn ihn der Wandertrieb packt, auch mehr. In den Delphinarien, Ozeanarien, Marinas und Freizeitparks, in denen rund 1 500 Mitglieder der Familie Wal gefangen sind und ihre Kunststücke zeigen müssen, haben die Tiere nur einen Bruchteil des von ihnen benötigten Raumes zur Verfügung.

Bei Delphinen aus Ozeanarien werden schwere Verhaltensstörungen festgestellt, und das Gehirn der Meeressäuger schrumpft während der Zeit der Gefangenschaft fast auf die Hälfte. Magengeschwüre sind normal, und der Hospitalismus, eine Art Gefangenenkoller, führt dazu, daß die sonst so fröhlichen und gesprächigen „Flipper“ völlig verstummen. 2 Delphine, die der Meeresforscher Jacques-Yves Cousteau hielt, drehten durch oder begingen Selbstmord: Sie rammten sich so lange die Köpfe an der Betonwand des Beckens ein, bis sie tot waren.

Auch Schwertwale verändern in der Gefangenschaft ihre Persönlichkeit. Beim Training mit den riesigen Tieren gibt es daher immer wieder schwere Unfälle: Der 21jährige John Smith wurde in dem Freizeitpark „Sea World“ in San Diego von einem Schwertwal gerammt und erlitt zahlreiche Verletzungen. Die Trainerin Keltie Byrne wurde von drei Schwertwalen im kanadischen Vergnügungspark „Oak Bay“ ertränkt.

Diese Unfälle sind nicht weiter verwunderlich, wenn man bedenkt, daß eines der intelligentesten und stärksten Tiere der Welt durch einen winzigen Menschen zu völlig abwegigen Leistungen gezwungen wird. Wenn so ein Prachtkerl durch einen brennenden Reifen springen muß, ist das manchmal auch für einen relativ friedlichen Schwertwal zuviel.

Daß sie sich überhaupt in Gefangenschaft halten lassen und nur selten ausrasten, grenzt an ein Wunder. Es gibt auf der Welt kein Ozeanarium, das groß genug für

Der Freizeitpark „Sea World“ in Kalifornien wartet mit einer Superschau mit Schwertwalen auf

Ohne die Dressuren würden die gefangenen Schwertwale bald an mangelnder Bewegung sterben. Doch nicht immer lassen sich die Tiere die Dressur gefallen

INTO THE BLUE – HINAUS INS BLAUE!
In Sachen Tierschutz waren die Briten anderen schon immer weit voraus. Und nun werden auf der Insel auch bald die Delphinarien verschwunden sein. Die Besucher blieben einfach weg, weil sie die Qual der Delphine nicht mehr mit ansehen mochten. Die Betreiber wollen die gefangenen Delphine aber nicht einfach in die Freiheit entlassen. Grund: „Die Delphine haben es verlernt, sich selbst Nahrung zu beschaffen.“ Die Befreiungsaktion „Into the Blue – hinaus ins Blaue“ aber hat bewiesen, daß es doch geht. Durch diese von mehreren Umweltschutzverbänden durchgeführte Aktion wurden die ersten drei Delphine „ausgewildert“ und in der Karibik wieder in die Freiheit, zurück in das blaue Meer, entlassen.

diese Tiere wäre. Das Betonbecken, in dem die Tiere ihre Kunststücke zeigen müssen, ist für einen Schwertwal im Vergleich so etwas wie eine 2 x 3 Meter große Gefängniszelle für einen Menschen. Wenn schon Delphine in Ozeanarien schwermütig werden, weil sie kaum Platz haben, wie soll es da erst einem großen Schwertwal gehen? Kein Wunder, wenn die Kraftpakete mal zeigen, wer hier eigentlich der Stärkere ist. Denn das, was mit den schwarzweißen Riesen im Ozeanarium geschieht, ist eindeutig Tierquälerei.
Alle Ozeanarien sind überholt und sollten geschlossen werden!

Delphin in der Freiheit – ein herrlicher Anblick

Wilde Delphine begleiten ein Schiff – eine Delphinschau ohne Zwang und grausame Gefangenschaft

Freiheit bei Nacht und Nebel

Der Amerikaner Richard O'Barry, der den berühmten „Flipper" und all seine Nachfolger trainierte, war eines Tages soweit, daß er bei Nacht und Nebel Delphine aus einem Käfig freiließ, wofür er dann selbst ins Gefängnis kam. Zunächst hatten die Menschen nicht verstanden, warum O'Barry das getan hatte, und inzwischen hat der Tierschützer für die Delphine auch schon 7mal hinter Gittern gesessen. Doch heute kann er mit dem Ergebnis zufrieden sein. Immer mehr Menschen haben durch seine Bücher und Fernsehauftritte erfahren, wie elend Delphine in Delphinarien leben und daß die Delphine dort ausgewechselt werden wie tote Gegenstände.

In der Enge der Betonbecken werden die Tiere durch Streß und Kummer sehr leicht krank, und so kommt es, daß sie schon nach wenigen Jahren sterben, obwohl Delphine fast so alt werden könnten wie wir. (Gerade als ich diese Zeilen schreibe, kommt die Meldung, daß im Tierpark Hagenbeck in Hamburg wieder ein Delphin gestorben ist. Auch die Rettungsversuche seiner Genossen konnten ihm nicht helfen.)

Glück in der Freiheit

Noch immer sind weltweit 1 500 Delphine in Haft. Dabei sind Delphinarien eigentlich überflüssig, denn friedliche Wale und freundliche Delphine können wir auch in freier Wildbahn erleben. Dazu braucht ihr keine Taucher zu sein oder das Schwimmen mit Maske und Schnorchel perfekt zu beherrschen. An vielen Stränden der Welt kann man Delphine auch vom Boot aus oder einfach nur im knietiefen Wasser beobachten. Und ihr müßt auch nicht unbedingt in die Baja California oder in die Karibik fahren. Selbst in Europa könnt ihr Delphine hautnah erleben: Westlich von Marseille treibt zum Beispiel der Delphin „Fanny“ seine wilden Späße mit den Touristen, bei Kotor an der Adriaküste spielt die Delphindame „Yoca“ (s. S. 52) gern mit Kindern im Meer, und an Irlands wilder Ostküste wurde Fungie bekannt. An mindestens sechs Stränden gibt es inzwischen in Europa die Möglichkeit, zutrauliche Delphine zu erleben (s. S. 72). Selbst an der Ostseeküste von Mecklenburg-Vorpommern wurde jüngst ein Delphin gesichtet, der Segeljachten begleitete.

Am tollsten aber ist es am anderen Ende der Welt – in Westaustralien. Dort gibt es einen Strand, Monkey Mia genannt, der inzwischen weltberühmt geworden ist. Dort kommen täglich ganze Delphinfamilien ins flache Wasser und lassen sich verwöhnen – von 40 000 Besuchern im Jahr, die zu ihnen ins Wasser steigen und sie streicheln. Niemand zwingt die Tiere dazu. Sie haben eines Tages selbst damit angefangen, und wahrscheinlich vererbt sich diese Angewohnheit inzwischen von den Müttern auf die Jungen.

In Florida versucht man aus dem Kontakt von Menschen und Delphinen Geld zu machen

Am Ende des Buches findet ihr Adressen und Hinweise, wo ihr Delphine und Wale beobachten oder sogar mit ihnen spielen könnt.

An vielen Küstenorten werden Bootsfahrten zu den Delphinen angeboten

Delphine-Streicheln in Monkey Mia in Westaustralien

Bei Mike Schultz auf Grand Bahama werden die Besucher vorsichtig mit den Delphinen bekannt gemacht

Delphine zum Anfassen

Auf meiner zweiten Reise zu Macho, dem Delphinmann in der Karibik, lerne ich noch eine weitere Art Delphinkontakte kennen. Weil die Jennifer Marie *nicht rechtzeitig im Hafen liegt, müssen wir auf der Insel Grand Bahama warten. Im Hotelzimmer entdecken wir eine Reklameschrift mit dem Titel: „The Dolphin Experience“, das Delphinerlebnis. Da wird versprochen, daß man mit Delphinen im Meer tauchen und in einer Bucht schwimmen könne. Da müssen wir hin! Noch am selben Tag beobachten wir in brütender Hitze ein lustiges Schauspiel:*

EINLADUNG ABWARTEN!
Erst wenn ein Delphin euch berührt, dürft auch ihr ihn streicheln!

Mit ängstlichen Gesichtern halten sich die kleinen Teilnehmer des „Schwimmkurses mit Delphinen“ am Rand des Holzsteges fest, der in einen schwimmbadgroßen, mit einem Netz abgegrenzten Teil der Bucht von Lucaya hineinführt. Die Eltern sehen ein bißchen besorgt drein, doch ihre Sorge ist unbegründet. Die Delphine sind Kinder gewöhnt. Stripe und Bimini stecken ihren Kopf neugierig aus dem Wasser und sehen aus, als würden sie lachen. Sie scheinen sich darüber zu wundern, warum wohl die Menschen vor ihnen Angst haben.

Dann wird es Bimini, dem jungen Männchen, zu langweilig, weil die Kinder noch immer ängstlich am hölzernen Laufsteg hängen. Er schwimmt an einen kleinen Jungen heran und schubst ihn sanft vorwärts. Lucaya, die dritte der vier Delphine, hilft mit, und plötzlich schwebt ein glücklicher Junge, gestützt auf zwei Delphine, durch das Wasser. Nun tummeln sich eine halbe Stunde lang Menschen auf Tuchfühlung mit den Delphinen im offenen „Netzdelphinarium“. Der Kindertraum von „Flipper“ wird für einige Familien wahr.

Alle haben vorher ein Programm absolvieren müssen und gelernt, wie man mit Delphinen umgeht. Das Ganze kostet um die 50 Dollar. Und wer lange Schulferien hat, kann auch für zwei Wochen „Assistent des Delphintrainers auf Zeit“ werden. Das kostet dann 159 Dollar. Dafür darf der Jungassistent Delphine füttern, dressieren und mit ihnen aufs Meer hinaus „Gassi gehen“.

Was aber ist an der Sache mit den Delphinen in der Lucaya-Bucht so anders? Der Unterschied zu den üblichen Delphinarien ist, daß die Tiere nicht in einem Betonbecken wohnen, sondern in einem

Netzkäfig, durch den sie hindurchsehen können, durch den Fische aus und ein schwimmen und echtes, frisches Meerwasser fließt. In den meisten Delphinarien kommt das Wasser aus dem Wasserhahn und stinkt nach Chlor. Im Vergleich zu den Betongefängnissen ist das hier ein enormer Fortschritt.

Doch dann kommt das Besondere: Mike Schultz, der Cheftrainer, führt seine Delphine im Freien spazieren. Dreimal täglich geht die Tür des Delphingeheges auf, und dann nimmt er Rebella, Lucaya, Bimini und manchmal auch Stripe zusammen mit einer Handvoll Taucher mit hinaus aufs offene Meer. Die Taucher sitzen natürlich im Boot, die Delphine schwimmen nebenher.

Draußen am Korallenriff wird dann getaucht. Auf 15 Meter Tiefe hocken nun die Taucher am Meeresgrund, füttern die „Flipper" und spielen mit ihnen. Anfassen darf man sie nur, wenn sie einen dazu auffordern. Als Bimini das erste Mal meine Hand anstupst, traue ich mich nicht gleich, ihn zu streicheln. Dann versuche ich es doch. Es ist einfach toll! Er faßt sich ganz warm und weich an, wie weicher Samt. Gar nicht kalt und glitschig.

Mike erzählt, wie er zu seiner „Dolphin Experience" gekommen ist: „Meine Frau und ich hatten keine Lust mehr, eine Show in einem der üblichen Delphinarien abzuziehen. Da kamen wir auf die Idee, Delphine so zu

Bimini und Lucaya ziehen einen kleinen glücklichen Jungen durchs Wasser

Am Meeresgrund werden die wilden Delphine gefüttert

Endlich wieder bei unseren wilden Delphinen!

halten, daß sie sich so wohl fühlen, wie es in Gefangenschaft nur irgend geht. Wir machen das jetzt seit fünf Jahren, und noch keiner der Delphine ist ausgebüxt. Einmal haben wir die Tiere bei Sturm verloren. Sie sind dann zu einem Fischerboot geschwommen. Die haben uns über Funk benachrichtigt, und wir haben sie dort wieder abgeholt."

Mike liebt seine Delphine. Abends, wenn die Gäste weg sind, spielen alle vier im Becken mit dem Labradorhund Labby, der sich dann am Schwanz durch das Wasser ziehen läßt.

Doch das beste Delphinarium der Welt, denken wir insgeheim, ist noch immer das Meer, und deshalb sind wir glücklich, als wir am nächsten Tag endlich an Bord der Jennifer Marie *sind und zu den freien Delphinen hinausfahren dürfen.*

Quiz

15. FRAGE

Welche Körpertemperatur haben Wale und Delphine?

Delphine als Lebensretter

Daß Delphine immer wieder Menschen vor dem Ertrinken gerettet haben, ist kein Märchen. Schon die alten Römer oder die Polynesier haben Geschichten und Bilder überliefert, die davon berichten. Auch in unserem Jahrhundert wurden zahlreiche solcher Fälle bekannt wie dieser Bericht in der südafrikanischen Zeitung „Enquirer" vom 19. April 1990 zeigt: „Roger Hiligan und Terry MacDonald waren mit ihrem Katamaran auf einer Sandbank vor Kapstadt gestrandet und wurden sofort von zwei Haien angegriffen. Vier Delphine halfen den beiden, indem sie die Haie rammten. Sie zeigten den Seglern den Weg zum Strand und begleiteten sie, bis sie sicher Land erreichten."
Doch täuschen lassen sich Delphine nicht so leicht. Sie sind intelligent genug, zu erkennen, wenn sie belogen werden. Während unserer Fahrten mit der *Jennifer Marie* machte sich Nancy, eine der Wissenschaftlerinnen, öfter einen Spaß daraus, sich bewegungslos auf den Grund sinken zu lassen, was immer sofort eine Rettungsaktion der Delphine auslöste. Doch eines schönen Tages war Schluß damit. TS, eine unserer Freundinnen unter den Fleckendelphinen hier, durchschaute die Masche und rammte Nancy so wütend in die Seite, daß sie

Fleckendelphin TS und ihre Freunde

nie wieder versuchte, einem Delphin etwas vorzumachen.

Aber sie helfen nicht nur Menschen aus Seenot, auch gegenseitig stehen sich Delphine und Wale bei drohender Gefahr bei. Schon während der Geburt paßt die gesamte Familie auf, daß das Baby ungestört auf die Welt kommt (s. S 23). Und sollte sich ein Hai einer Delphinschule mit Jungen nähern, greifen die erwachsenen Delphine den gefährlichen Räuber sofort an, indem sie ihm den Kopf so fest in die Seite rammen, daß er daran zugrunde geht.

Daß sich die verschiedenen Arten der Walfamilie auch untereinander helfen, beweist diese Begebenheit: Im Aquarium von „Marine Land of the Pacific“ bei Los Angeles versuchte ein männlicher Grindwal stundenlang einen toten Delphin wiederzubeleben. Er nahm die Schwanzflosse seines Kameraden ins Maul, umklammerte das tote Tier mit den Brustflossen und schleppte so seinen toten Freund an die Oberfläche.

Lebensfreude

EIN HAI ALS GESCHENK

Dean Bernal arbeitete als Tauchlehrer auf den karibischen Turks- und Caicos-Inseln, wo er zufällig den wilden Delphin Jojo kennenlernte und sich mit ihm anfreundete. Sieben Monate lang tollten die beiden täglich durch das Wasser und lernten sogar, sich untereinander zu verständigen. Dean benutzte dazu Handzeichen, der Delphin sprach in Knurr- , Brumm- und Pfeifgeräuschen. Jojo spielte aber nur mit Dean, zog ihn durchs Wasser und dachte sich täglich neue Späße aus. Andere Menschen nahm er überhaupt nicht zur Kenntnis. Eines Tages überreichte er Dean ein Geschenk: einen Hai, den er für ihn gefangen hatte. Auch kam es immer wieder vor, daß er seinen Freund vor Gefahren warnte und ihn aus diesem Grund am Weiterschwimmen hinderte.

Ein unvergeßlicher Augenblick – Begegnung mit einer Schwertwalschule im Abendrot

Die Todesnetze

Fischer aus Japan, Korea und Taiwan befestigen Treibnetze an Schwimmern, die an der Wasseroberfläche treiben. 15 Meter hoch und 60 Kilometer lang sind diese Netze. Nacht für Nacht werden so die Weltmeere mit 42 000 Kilometern dieser unsichtbaren Todesfallen leergefischt. Denn in der Dunkelheit verfängt sich alles in den Maschen, was im Meer lebt: Fische, Wale, Delphine, Schildkröten, Seehunde und Vögel.

Warum fischt man mit diesen Netzen? Die Antwort ist einfach: Unser Appetit auf Thunfischfleisch ist schuld daran. Die Tausende von Kilometer langen „Wände des Todes“ durchsieben nur deshalb die Weltmeere, um den Belag für unsere Pizzas und für den Thunfischsalat zu beschaffen. Die Treibnetze sind so durchsichtig, daß nicht einmal die klugen Delphine sie unter Wasser sehen können und sich darin verfangen. Selbst Taucher müssen sich vor den Netzen in acht nehmen, denn auch für Menschen sind sie im Wasser kaum auszumachen.

Inzwischen gibt es einige Fischkonserven-Firmen, die versichern, daß ihr Thunfisch nicht mit dem Treibnetz und ohne Schaden für die Delphine gefangen wird. Doch oft ist diese Behauptung nicht wahr. Die einzige Methode, die den Delphinen helfen kann, ist daher überhaupt keinen Thunfisch mehr zu essen.

Es gibt aber Hoffnung: Im Dezember 1991 haben die UN beschlossen, ab Ende 1992 die Treibnetze auf der ganzen Welt zu verbieten. Japan hat seine Treibnetzfischerei bereits eingestellt – Taiwan und Korea werden hoffentlich bald folgen.

Quiz

16. FRAGE

Warum müssen beim Thunfischfang auch so viele Delphine sterben?

QUALVOLLER TOD

Alljährlich ertrinken 250 000 Delphine verfangen in den Treibnetzen, weil sie zum Atmen nicht mehr an die Oberfläche können.

Das Abschiedsgeschenk

An einem der letzten Tage unseres Aufenthaltes in der Karibik mache ich mich im Schlauchboot mit den beiden Forscherinnen der **Jennifer Marie** *auf die Suche nach den Delphinen, denn heute will sich keiner von ihnen bei uns blicken lassen. In einiger Entfernung finden wir dann tatsächlich einen unserer Freunde, das heißt, zunächst sehen wir nur seine Rückenfinne. Das ist merkwürdig, denn gewöhnlich leben Delphine in Schulen und nicht allein. Wir springen über Bord und entdecken sofort die Bescherung: Der arme Delphin hat sich in einem Netz verfangen und kann sich kaum noch bewegen. Wieder ein Opfer der Treibnetzfischerei! Obwohl diese Art von Fischfang hier schon vor einigen Jahren verboten worden war, treiben noch immer verlorengegangene Netzteile als gefährliche „Geisternetze" durch die Meere.*

Es ist eine Sache von wenigen Minuten, den Delphin aus dem Netz zu befreien. Er saust davon, ohne sich noch einmal nach uns umzusehen.

Ich freue mich, daß wir als eine Art Abschiedsgeschenk einem dieser herrlichen Tiere hatten helfen können. Wer weiß, vielleicht wird er uns irgendwann einmal wieder begegnen. Denn ich werde zurückkommen, um meine Freunde Macho, Gorbatschow und TS wiederzusehen. Vielleicht wird sich dann auch dieses Tier an die Menschen erinnern, die ihm geholfen haben.

Wo man Wale und Delphine sehen kann

EUROPA

Gibraltar

Die Straße von Gibraltar ist Europas walreichstes Gebiet.
Hier kann man bis zu 5 verschiedene Delphinarten und mit Glück auch Grind-, Pott- und Finnwale antreffen.

Walausflüge bieten an:
Delphin-Safari Barry Norris, Motorschiff *Francis*,
Sheppards Marina, Gibraltar 76717
Mike Lawrence, Motorschiff *Sea Marauder*,
Sheppards Marina, Gibraltar 71914

Frankreich

Bei Marseille könnt ihr Fanny, die zahme Delphindame, treffen.

Kontaktadresse: *Observatoire „Fanny“*,
Cerimer Faculté des Sciences de Luminy,
Case 901, 70 Route Léon Lachkamp,
F-13288, Marseille Cedex 9

Montenegro

In der Bucht von Kotor an der Adriaküste ist Yoca, der kinderfreundliche Delphin, zu finden (S. s. 52).
Yoca kommt im Sommer täglich zum Spielen ins Hafenbecken.

Schweden und Norwegen

Hier gibt es Waltouren auf alten Walfangschiffen, die natürlich keine Wale mehr jagen. Draußen auf dem Meer sieht man Zwerg- und Schwertwale.
Schweden: *„Norca-Nordic Whale-Project“*,
Aponjärgatan 4 D, S-41302 Göteborg, Schweden.
Norwegen: Ehemaliger Walfänger *MS Kronhout*,
Ernst Rolf und Rangvald Dahl,
N-8300 Svolvaer, Norwegen, Tel. 9092611

AMERIKA

In den USA gibt es unzählige Möglichkeiten, Wale und Delphine zu beobachten und mit ihnen zu schwimmen. An der Ostküste, besonders in Florida, kommt es zu vielen Delphinbegegnungen. An der gesamten Westküste kann man beim „Whale watching“ auf Grauwale, Schwertwale und Delphine treffen. Doch auch in Mexiko, in der Karibik oder vor der Küste Argentiniens sind Wale und Delphine zu sehen.

Florida

Oceanic - Society - Expeditions veranstaltet Segeltörns mit Segelschiffen (z. B. *Jennifer Marie*) zu wilden Delphinen und Walen.
Fort Mason Center, Buildung E,
San Francisco CA 94123,
Tel. 451-1993

Schwimmen mit Delphinen kann man bei:
Dolphin-Plus,
P.O. Box 2728, Key Largo FL 33037,
Tel. 451-1993

Tauchen mit Delphinen im offenen Meer:
Island Chaser Adventures,
9357 Sun CT, Lake Park FL 33403,
Tel. (407) 600-9057

Intensivkurs beim Delphin Forschungszentrum *Marathon Shores* (6 Tage Schwimmen und Tauchen mit Delphinen für ca. US $ 630):
Dolphin Research Center,
P.O. Box, Dolphin Marathon Shores, FL 33052

Bahamas

Tauchen und Schwimmen mit Delphinen im freien Meer:
Mike Schultz, Dolphin Experience,
Port Lucaya, Grand Bahama, Tel. (809) 373-1250

● Kalifornien
Ausfahrten zu den Walen vor der Küste und in die Baja California:
H&M Landing, 2803 Emerson St., San Diego CA 92106, Tel. (619) 222-1144

● Hawaii
Um die Hawaii-Inseln kann man hauptsächlich im Winter Buckelwale beobachten, die aus dem Nordpazifik kommen. Besonders vorsichtig geht folgende Gruppe mit den Tieren um:
Eye of the Whale, P.O. Box 3594, Kailua Kona, H.I. 96745, Tel. (808) 322-3005.

Zu empfehlen ist auch eine Ausfahrt mit *Ahilihani Yacht Charters*, P.O. Box 1286, Lahaina, H.I. 96767, Tel. (001) 8 71 11 56

● Mexiko
Einige amerikanische Unternehmen bieten Schiffstouren nach Mexiko in die Baja California, die Kinderstube der Grauwale, an. In den Buchten gibt es Begegnungen mit den zutraulichen Riesen:
Pacific Sea-Fari Tours, c/o Mr. Pail C. Robbins, 2903 Emmerson St., San Diego CA 92106, Tel. (619) 222-1144

Oceanic Society Expeditions, Fort Mason Center, Building E, San Francisco CA 94123, Tel. (415) 451-1993

● Argentinien
Vor der Halbinsel Valdez in Argentinien kann man den Südlichen Glattwal beobachten:
Dirección de Conservation del Patrimonio Turistico, 9120 Puerto Madryn, Chubut, Argentinien.

AUSTRALIEN

In Monkey Mia, einem abgelegenen Ferienort an der Shark Bay in Westaustralien, gibt es von April bis Oktober Große Tümmler zu sehen. Eine ganze Schule kommt an den Strand und spielt mit den Besuchern:
Australian National Parks and Wildlife Service, Head Office, G.P.O. Box 636, Canberra A.C.T. 2601, Tel. (062) 466 211

Shark Bay Accomodation Service, Anne und Bunny Bruce,
2114 Knight TCE, Denham, Shark Bay WA 6537, Tel. (099) 481 323

ADRESSEN DER WICHTIGSTEN WALSCHÜTZER

◆ *Gesellschaft zum Schutz der Meeressäugetiere (GSM)*,
Postfach 348,
2000 Hamburg 55,
Tel. (040) 86 87 74

◆ *Greenpeace e.V.*,
Vorsetzen 53,
2000 Hamburg 11,
Tel. (040) 31 18 60

◆ *Earthwatch Europe*,
Belsyre Court, 57
Woodstock Road,
GB- Oxford OX26HU,
Tel. (865) 31 16 00

◆ *Gesellschaft zur Rettung der Delphine e. V.*,
Arabellastraße 5/447,
8000 München 81,
Tel. (089) 91 77 39

◆ *Umweltstiftung WWF-Deutschland*,
Hedderichstraße 110,
6000 Frankfurt a. M. 70,
Tel. (069) 6 05 00 30

◆ Aktion *Into the Blue* über „Bellerive Animal Welfare",
P.O. Box 6,
CH-1211 Genf 3, Schweiz

Die bekanntesten Walarten

BLAUWAL
Bartenwal. Bis 29 m lang und 125 t schwer. Größtes heute noch lebendes Säugetier.Weltweit in allen Weltmeeren in kleinen Gruppen oder einzeln unterwegs.
Bedroht!
Früher: 225 000 Tiere
Heute: 10 000 Tiere

BUCKELWAL
Bartenwal. Bis 18 m lang und 30 t schwer. Die Sänger unter den Walen leben in kleinen Gruppen im Nordatlantik und im Nord- und Südpazifik.
Bedroht!
Früher: 100 000 Tiere
Heute: 7 000 Tiere

FINNWAL
Bartenwal. Bis 18 m lang und 35 t schwer. Rund um die Erde in kleinen Gruppen oder einzeln anzutreffen.
Bedroht!
Früher: 450 000 Tiere
Heute: 100 000 Tiere

GRAUWAL
Bartenwal. Bis 15 m lang und 33 t schwer. Durch strenge Schutzmaßnahmen gerade noch rechtzeitig vor dem Aussterben gerettet. Lebensraum Pazifik von Alaska bis Mexiko. Oft in größeren Gruppen und auch einzeln zu treffen.
Zur Zeit nicht bedroht!
Früher: 30 000 Tiere
Heute: 20 000 Tiere

GRÖNLANDWAL
Bartenwal. Bis 15 m lang und 25 t schwer. Lebensraum an der Packeisgrenze der Arktis. Lebt als Einzelgänger und in kleinen Gruppen bis zu vier Tieren.
Stark bedroht!
Früher: 100 000 Tiere
Heute: 2 000 Tiere

SEIWAL
Bartenwal. Bis 20 m lang und 25 t schwer. Lebt in allen Ozeanen der kühlen Zonen in kleinen Gruppen.
Selten!
Früher: 200 000 Tiere
Heute: 54 000 Tiere

ZWERGWAL
Bartenwal. Nur bis 8 m lang und kaum 8 t schwer. Einzeln oder in kleinen Gruppen in den kalten Meeren der Welt zu sehen.
Noch nicht gefährdet.
Früher: 576 000 Tiere
Heute: 500 000 Tiere

POTTWAL
Zahnwal. Der größte Zahnwal wird bis zu 18 m lang und 45 t schwer. In Gruppen und einzeln in allen Meeren anzutreffen.
Mäßig bedroht!
Früher: 750 000 Tiere
Heute: 250 000 Tiere

SCHWERTWAL (ORCA)
Zahnwal. Der bis zu 9,5 m lange und 7 t schwere Wal lebt in allen Meeren in Familienverbänden und gilt als Gesundheitspolizei der Meere.
Nicht bedroht.
Keine Zahlen verfügbar.

Auf Grund ihrer Größe werden Pottwal und Schwertwal, obwohl sie Zahnwale sind, nicht zu der Gruppe der Delphine gerechnet.

Die bekanntesten Delphinarten (Zahnwale)

BELUGAWAL (Weißwal)
Das weiße, bis zu 4,5 m lange Tier lebt in Gruppen in allen nordischen Meeren und Flüssen und wandert manchmal sehr weit nach Süden. Sehr gelehrig.
Durch Umweltverschmutzung bedroht!
Früher: 100 000 Tiere
Heute: 50 000 Tiere

FLECKENDELPHIN
Die Delphine der Karibik, die gern mit Tauchern und Schwimmern spielen, sind um 2 m lang und leben in den tropischen Gewässern des Atlantiks.
Nicht bedroht!
Keine Zahlen verfügbar.

GEMEINER DELPHIN
Etwa 2,5 m lang. Einer der häufigsten Delphine und in allen Meeren zu Hause. In allen tropischen und warmen Gewässern, auch im Mittelmeer. Riesige Schulen wandern zusammen durch die Meere.
Durch Treibnetzfischerei bedroht!
Keine Zahlen verfügbar.

GRINDWAL
Die tintenfischfressende Familie der Grindwale lebt in allen mäßig warmen Meeren der Welt. Es gibt drei Arten, und sie werden 3,6 bis 8,5 m lang. Leben in großen Herden.
Durch Jagd auf den Färöer-Inseln und Neufundland bedroht!
Keine Zahlen verfügbar.

GROSSER TÜMMLER
Der bekannte „Flipper" wird 3 - 4 m lang. Ein häufig vorkommender Delphin, der in allen wärmeren Bereichen der Weltmeere lebt. Wird gern in Delphinarien gehalten.
Nicht bedroht!
Keine Zahlen verfügbar.

NARWAL
Knapp 5 m lang mit einem langen Horn im Oberkiefer. Lebt in Familienverbänden und großen Gruppen in allen nordischen Meeren und in Flüssen.
Selten und bedroht durch Jagd!
Ca. 20 000 – 30 000 Tiere

SCHWEINSWAL
Der Wal des europäischen Nordens wird nur bis zu 1,5 m lang und lebt in nördlichen Küstengewässern, auch in der Nord- und Ostsee.
Durch Umweltverschmutzung bedroht!
Etwa 10 000 Tiere.

Auflösung der Quizfragen

Quiz

Für jede richtige Frage jeweils einen Punkt ankreuzen!

◯	Frage 1	Seite 16:	Der Blas ist zu sehen, weil die ausgeatmete Luft warm ist und an der kalten Außenluft kondensiert. Außerdem, weil die Luft unter Druck steht und Öltropfen aus den Lungen mit sich trägt.
◯	Frage 2	Seite 18:	Bei ihrer Wanderung um die Sonne verändert die Erde ihren Winkel zur Sonne. Im Hochsommer steht sie so, daß die Arktis bei Tag und bei Nacht der Sonne zugekehrt ist.
◯	Frage 3	Seite 19:	Ja, in Japan, Island und Norwegen wird immer noch Walfleisch gegessen.
◯	Frage 4	Seite 24:	Krill gibt es hauptsächlich in der Antarktis, aber auch in der Arktis und im Atlantik.
◯	Frage 5	Seite 29:	Wale greifen Menschen nur an, wenn sie oder ihre Jungen sich bedroht fühlen.
◯	Frage 6	Seite 31:	Wale frieren nicht, weil ein dicker Fettmantel (Blubber) sie schützt.
◯	Frage 7	Seite 34:	Grauwale werden bis zu 15 Meter lang.
◯	Frage 8	Seite 35:	Der Schnellste unter den Walen ist der Delphin. Der Gemeine Delphin erreicht über 60 Stundenkilometer.
◯	Frage 9	Seite 42:	Hierzu haben die Wissenschaftler noch keine sichere Antwort gefunden.
◯	Frage 10	Seite 43:	Nein. Lebertran wird aus dem Fleisch, dem Speck aber auch aus der Leber verschiedener Fische hergestellt.
◯	Frage 11	Seite 51:	Ja, Delphine sind Zahnwale.
◯	Frage 12	Seite 54:	Für alle drei Fragen gilt dieselbe Antwort: Wir fassen die Delphine nicht an und warten ab, ob sie uns zum Spielen auffordern.
◯	Frage 13	Seite 57:	Nein. Schwertwale töten nicht aus Mordlust, sondern nur, wenn sie Hunger haben. Sie werden also fälschlicherweise Mörder- oder Killerwale genannt.
◯	Frage 14	Seite 59:	Schwertwalmännchen werden bis zu 50 Jahre alt.
◯	Frage 15	Seite 66:	Ihre Körpertemperatur beträgt 37 Grad Celsius, wie bei uns Menschen.
◯	Frage 16	Seite 69:	Weil Delphine sich in den Treibnetzen verfangen und elendiglich ersticken müssen.

ERGEBNIS:

13 Punkte und mehr
Glückwunsch! Du bist Walexperte oder -expertin. Klasse!

8 bis 12 Punkte
Gut! Du wirst hiermit zum „Whalewatcher“ ernannt und solltest bald einmal selbst die Wale besuchen!

4 bis 7 Punkte
Nicht schlecht! Du bist ein Walfreak! Ein wenig mehr über Wale solltest du aber schon noch wissen!

Weniger als 4 Punkte
Du solltest das Buch noch einmal lesen!

Stichwortverzeichnis